Direito das
Obrigações

CARLOS ALBERTO BITTAR

Direito das Obrigações

2ª edição
revista, ampliada e atualizada de acordo
com o novo Código Civil por

Carlos Alberto Bittar Filho
*Procurador do Estado de São Paulo, Doutor em
Direito pela Universidade de São Paulo – USP*

FORENSE
UNIVERSITÁRIA

2ª edição – 2004

© *Copyright*
Carlos Alberto Bittar

Capa: Sílvio Dias
Editoração eletrônica: Textos & Formas

CIP-Brasil. Catalogação-na-fonte
Sindicato Nacional dos Editores de Livros, RJ.

B541d   Bittar, Carlos Alberto, 1939-1997
2.ed.   Direito das obrigações / Carlos Alberto Bittar. – 2. ed. revista, atualizada e ampliada
         de acordo com o novo Código Civil por Carlos Alberto Bittar Filho. – Rio de Janeiro:
         Forense Universitária, 2004.

         Inclui bibliografia
         ISBN 85-218-0352-4

         1. Obrigações (Direito). I. Bittar Filho, Carlos Alberto. I. Título.

04-0899.   CDU 347.4

Proibida a reprodução total ou parcial, de qualquer forma ou por qualquer meio eletrônico ou mecânico, sem permissão expressa do Editor (Lei nº 9.610, de 19.2.98).

Reservados os direitos de propriedade desta edição pela
EDITORA FORENSE UNIVERSITÁRIA
Rio de Janeiro: Rua do Rosário, 100 – Centro – CEP 20041-002
Tels./Fax: 2509-3148 / 2509-7395
São Paulo: Largo de São Francisco, 20 – Centro – CEP 01005-010
Tels./Fax: 3104-2005 / 3104-0396 / 3107-0842
e-mail: editora@forenseuniversitaria.com.br
http://www.forenseuniversitaria.com.br

Impresso no Brasil
Printed in Brazil

À musa de sempre.

APRESENTAÇÃO À PRIMEIRA EDIÇÃO

A instalação da nova ordem constitucional no Brasil perfez-se sob a égide de uma consciência reformadora, tendente a impregnar o regime jurídico de um sentido social, reclamado pela coletividade, diante da evolução havida no plano das idéias e na vida prática. Resultou daí o compromisso formal de ajustamento de diferentes regras do direito vigente, aproximando-nos assim, mais ainda, da edição de um novo Código Civil, já projetada há algum tempo.

Nessa linha de raciocínio e animados pela tarefa de assentamento das noções básicas do direito das obrigações, sob textura eminentemente didática, elaboramos o presente livro, em que nos valemos, a par da experiência haurida no magistério superior, dos ensinamentos da doutrina civilista, que conta, em nosso País, com cultores de nomeada.

Procuramos observar, em sua esquematização, o quanto possível, a ordenação conferida à matéria pelo Projeto de Código que se encontra sob apreciação do Congresso Nacional. Mas adotamos, seja quanto à apresentação, seja quanto à disposição, orientação própria, consoante entendimento que se nos afigura mais coerente com a lógica dos institutos versados, explicada, aliás, em cada passo, no curso do texto.

Na trilha da sistematização da obra e a par da adoção de conceitos integrados à moderna teoria civilista, reservamos ao respectivo contexto a matéria pura e simplesmente obrigacional, separando, pois, de sua composição, a teoria da responsabilidade civil e a dos contratos e dos atos unilaterais, que cuidamos em outros livros, a saber: *Responsabilidade civil: teoria & prática* e *Direito dos contratos e dos atos unilaterais.*

Na estruturação do tecido expositivo, fazemos seguir à doutrina a legislação vigente, traçando, em cada situação, considerações pertinentes, em que destacamos as principais inovações do Projeto, sempre em conexão com as diretrizes prevalecentes no direito científico.

A perspectiva que nos tem movido nessa longa peregrinação pelas imensas veredas do direito civil é a de proporcionar a nossos alunos e aos profissionais do direito material de estudos e de consultas, compatível com as necessidades da vida moderna, permitindo-lhes, de um lado, a iniciação em tão fecundo campo de investigação e, de outro, o exercício do respectivo mister, na faina diária para a consecução de justiça em nosso País.

O AUTOR

SUMÁRIO

Capítulo I – O Direito das Obrigações 1
1. Noção de direito das obrigações. 1
2. Extensão. 3
3. Evolução. 5
4. Relações com as outras ramificações
   do direito civil 6

Capítulo II – As Obrigações e Sua Estruturação. 9
5. Conceito de obrigação 9
6. Elementos constitutivos 11
7. Fontes. 15
8. Obrigação e vontade 18
9. Obrigação e ordenamento jurídico 19
10. Relações entre contrato (e outras fontes)
    e obrigação 20

Capítulo III – O Aspecto Moral nas Obrigações. 23
11. O sentido atual da prestação: o ingresso de
    componentes morais 23
12. Influência do aspecto moral na
    legislação obrigacional 25

Capítulo IV – Classificação das Obrigações 27
13. Critérios de classificação. 27
14. As principais classificações 29
15. O sistema brasileiro 33

Capítulo V – As Obrigações Naturais 36
16. Conceituação 36
17. Distinção das obrigações civis 37
18. Regulamentação legal 39

Capítulo VI – As Obrigações *Propter Rem* 40
  19. Conceituação 40
  20. Estruturação jurídica 42

Capítulo VII – As Obrigações de Dar 44
  21. Noção e espécies 44
  22. A obrigação de dar coisa certa 46
  23. A obrigação de restituir 49
  24. A obrigação de dar coisa incerta 51
  25. A obrigação pecuniária 52

Capítulo VIII – As Obrigações de Fazer 55
  26. Noção e espécies 55
  27. Obrigação de prestar serviços 57
  28. A obrigação de realizar obra 58
  29. Outras obrigações da espécie............... 59
  30. Regime geral dessas obrigações............. 59

Capítulo IX – As Obrigações de Não Fazer 61
  31. Noção e alcance.......................... 61
  32. Regime jurídico geral..................... 63

Capítulo X – As Obrigações Alternativas 65
  33. Identificação da espécie................... 65
  34. Regulamentação legal 66

Capítulo XI – As Obrigações Facultativas........... 69
  35. Delimitação de sua textura 69
  36. Regime jurídico.......................... 70

Capítulo XII – As Obrigações Divisíveis e Indivisíveis ... 72
  37. Caracterização das espécies 72
  38. O sistema legal 74

Capítulo XIII – As Obrigações Solidárias 76
  39. Identificação e textura da espécie 76
  40. Disciplina legal 78
  41. A solidariedade ativa..................... 79
  42. A solidariedade passiva................... 79

Capítulo XIV – Outras Modalidades de Obrigações..... 82
  43. Observações preambulares 82

44. As obrigações líquidas e ilíquidas 83
45. As obrigações principais e acessórias. 83
46. As obrigações de meio, de resultado e
    de garantia 84
47. As obrigações condicionais, modais e a termo ... 85

Capítulo XV – A Transmissão das Obrigações 87
48. Contornos da transmissão. 87
49. A cessão de crédito 89
50. A assunção de dívida. 91

Capítulo XVI – A Extinção das Obrigações 94
51. Considerações preliminares. 94
52. Os modos de extinção 95

Capítulo XVII – O Adimplemento da Obrigação 98
53. Considerações iniciais. 98
54. A execução da prestação 100
55. Condições de pagamento. 101
56. Os sujeitos do pagamento 102
57. O objeto e a prova 105
58. O lugar 107
59. O tempo 108

Capítulo XVIII – Os Modos Indiretos de Adimplemento. . 110
60. Observações preambulares 110
61. Os modos admitidos 111

Capítulo XIX – O Pagamento em Consignação 112
62. Noções básicas 112
63. Condições para a consignação. 113
64. Regime jurídico. 114

Capítulo XX – O Pagamento com Sub-rogação 116
65. Considerações preliminares. 116
66. Espécies e significação 117
67. Disciplina legal 118

Capítulo XXI – A Imputação do Pagamento 120
68. Caracterização 120
69. Ordenação legal. 121

Capítulo XXII – A Dação em Pagamento............ 122
  70. Conceituação 122
  71. Regime legal 123

Capítulo XXIII – A Novação 125
  72. Conceituação 125
  73. Espécies 126
  74. Disciplina 127

Capítulo XXIV – A Compensação 129
  75. Observações conceituais 129
  76. Espécies 130
  77. Sistematização legal 131

Capítulo XXV – A Transação 133
  78. Contornos 133
  79. Caracterização 134
  80. Regime jurídico 135

Capítulo XXVI – O Compromisso 138
  81. Definição dos contornos 138
  82. Espécies 139
  83. Regulamentação legal 140

Capítulo XXVII – A Confusão 142
  84. Conceituação 142
  85. Regulamentação legal 143

Capítulo XXVIII – A Remissão 145
  86. Conceituação 145
  87. Regramento legal......................... 146

Capítulo XXIX – O Inadimplemento das Obrigações.... 148
  88. Considerações preliminares................ 148
  89. Caracterização 150
  90. Não-caracterização 152
  91. Conseqüências do inadimplemento 153

Capítulo XXX – A Mora 157
  92. Noções preambulares 157
  93. Caracterização 158
  94. Mora do devedor 160

95. Mora do credor 160
96. Conseqüências 161

Capítulo XXXI – As Perdas e Danos 163
97. Delimitação de seu contexto 163
98. Fixação 164
99. Liquidação 166

Capítulo XXXII – Os Juros Moratórios 168
100. Conceituação 168
101. Disciplina legal 169

Capítulo XXXIII – A Cláusula Penal 170
102. Noção 170
103. Características 172
104. Espécies 173
105. Regime jurídico 174

Capítulo XXXIV – As Arras 176
106. Conceituação 176
107. Espécies 177
108. Regulamentação legal 178

Capítulo XXXV – A Execução Forçada 179
109. Inadimplemento e execução judicial 179
110. Garantias e efeitos 181
111. Processos de execução individual e coletiva 183

Bibliografia 185

Capítulo I

O DIREITO DAS OBRIGAÇÕES

SUMÁRIO: 1. *Noção de direito das obrigações.* 2. *Extensão.* 3. *Evolução.* 4. *Relações com as outras ramificações do direito civil.*

1. Noção de direito das obrigações

Nas relações em sociedade, o homem vale-se dos semelhantes para a consecução de seus objetivos, assumindo compromissos a que se submete, pessoal ou patrimonialmente, a fim de satisfazer as suas necessidades em vários planos, como as de: aquisição de bens para seu uso pessoal; conserto de bens; cessão de uso de imóvel para residência; obtenção de empréstimo; compra de bens para consumo e outras. Resumidamente, referenciadas às atividades econômicas, estendem-se essas ações à disposição de bens e ao aproveitamento de serviços alheios.

Apartadas as de consumo e as de trabalho subordinado – que se sujeitam a regimes próprios, no âmbito dos direitos econômico e trabalhista –, as relações de cunho negocial entre particulares constituem objeto do direito das obrigações. Assim, em um primeiro contato, esse direito disciplina as relações jurídicas de ordem pessoal, ou de crédito, entre dois ou mais agentes (pessoas físicas ou jurídicas), por meio das quais um tem a exigir do outro determinada prestação, mensurável economicamente.

Compõem, pois, o contexto desse direito as relações de caráter pessoal entre os agentes da vida civil, desdobradas em ações de dar, fazer, ou não fazer alguma coisa, que tenha reflexos econômicos, em proveito de outrem.

Ora, essas relações jurídicas chamam-se obrigações, podendo ser conceituadas como vínculos jurídicos. Por meio delas uma pessoa é compelida, a favor de outra, a realizar determinada prestação, a que se comprometeu voluntariamente, ou em decorrência do próprio ordenamento jurídico.

Por força do vínculo (elemento espiritual), pode uma das partes exigir da outra determinada conduta tendente à obtenção do fim visado, seja em razão dos interesses privados, seja em função de previsão do ordenamento jurídico.

Unindo as partes (elementos subjetivos) em torno da prestação (elemento material) – que se resume em dar, fazer ou não fazer algo – a obrigação apresenta-se, pois, de um lado, como um dever, que impele a parte ao cumprimento, honrando o compromisso existente (a palavra dada), e, de outro, como responsabilidade, sujeitando-a, ou a seus bens, à satisfação do interesse da outra, sob a garantia geral de seu patrimônio.

É nesse campo que gravita o direito obrigacional, que, portanto, toma os atos da vida civil, em seus relacionamentos transitórios de índole negocial, regulando, em seu contexto, a constituição da obrigação, a transmissão, as vicissitudes no cumprimento, a terminação, com ou sem satisfação dos interesses correspondentes, e as conseqüências em cada situação (no adimplemento e no inadimplemento).

Compreende-se, pois, em seu contexto, a problemática da responsabilidade civil em seus meandros básicos, tanto quanto a danos patrimoniais, como morais, dentro da linha de inserção, no âmbito obrigacional, de ações desconformes ao ordenamento jurídico (atos ilícitos e antijurídicos, geradores de obrigações para os agentes, ao atingir elemento do patrimônio, material ou moral, do lesado, conforme mostramos em nosso livro *Responsabilidade civil: teoria & prática*.

Assim, a partir da noção de relação jurídica (vínculo entre pessoas que interessa ao direito), com a qual se edificaram os Códigos no âmbito civil, o direito das obrigações alcança as de cunho patrimonial privado no referenciamento direto entre os interessados (pessoa a pessoa).

Como se sabe, as demais relações entre pessoas (físicas ou jurídicas) integram o contexto das ramificações do direito civil. Assim, no denominado direito de família, as derivadas do casamento, do parentesco (natural ou civil) e do direito tutelar (tutela e curatela); no direito das sucessões, as provenientes de morte do titular da herança, em relação a parentes (herdeiros) e a contemplados (legatários); no direito das coisas (ou direitos reais), as relações entre a pessoa e a coletividade, em função de vínculos com as coisas existentes, compreendendo-se propriedade, posse e direitos reais de garantia (hipoteca, penhor etc.). Por fim, as relações da pessoa consigo mesma e em suas projeções na sociedade (direitos da personalidade) e as relativas a seus estados pessoais (individual e nacional) são versadas, em suas linhas mestras, na chamada Parte Geral do Código (compondo, ademais, estatuto próprio, a posição dos estrangeiros, e reservadas, em alguns países, à Lei de Introdução ao Código Civil, as normas gerais sobre relações privadas entre pessoas de nacionalidades diferentes, ou em Estados diversos).

2. Extensão

O direito das obrigações rege: as modalidades (classificações das obrigações), a transmissão (de crédito e de dívida), o adimplemento (ou cumprimento, direto e indireto), o inadimplemento (ou não-cumprimento) das obrigações e as respectivas conseqüências.

Ocupa-se, pois, com as relações transitórias de caráter patrimonial entre pessoas, constituindo-se no centro irradiador de normas do direito privado a respeito de matéria negocial e estendendo-se, assim, dentre outros campos, ao direito civil e ao direito de autor.

Essa textura confere-lhe, ainda, a posição de núcleo regulamentar básico de ramos do direito público, como o direito tributário, em que a relação fundamental é obrigacional.

Nesse sentido, as regras editadas nesse campo alcançam outras relações jurídicas além das da vida negocial comum, recebendo, em certos pontos, à luz da sistemática correspondente, atenuações, ajustes ou modificações necessárias, como no direito de autor, em que a existência de direitos morais (como os de paternidade e de nominação) confere consistência própria ao regime obrigacional.

Mas o núcleo comum é de tal ordem expressivo que se pode afirmar, pelo grau de universalidade, que, em todos os países e sistemas, impera de modo uniforme, em função ademais da base ética que inspira a teoria das obrigações.

As codificações têm adotado regime normativo referenciado à evolução fática da vida da obrigação, partindo diretamente, após a admissão da classificação tradicional pelo objeto, para o regramento de cada uma das espécies, disciplinando a sua estruturação. Detêm-se, depois, no fenômeno da transmissão ativa e passiva (cessão de crédito e assunção de dívida), cuidam do cumprimento e das modalidades especiais de satisfação dos interesses envolvidos, para, por fim, versar o descumprimento e suas conseqüências, regulando os sancionamentos cabíveis.

Nas codificações tradicionais, moldadas no Código de Napoleão, o direito obrigacional alberga também a matéria sobre contratos – como no revogado Código Civil de 1916 –, uma vez que a teoria respectiva somente se sedimentou em nosso século, passando a compor os Códigos, como o italiano – modelo das codificações do século XX –, o português e outros, mas ainda sem constituir ramificação propriamente dita.

Assim, em sua estruturação ingressam normas gerais sobre proposta, garantias e vícios em contratos; sobre as várias modalidades de contratos, sobre responsabilidade civil; sobre liquidação das obrigações e concurso de credores.

Com a separação teórica, em face do labor da doutrina italiana sobre os negócios jurídicos, o direito dos contratos ganhou contornos mais definidos, precedendo-se à disciplina das figuras contratuais uma teoria básica sobre a matéria (orientação acolhida pelos projetistas brasileiros para a edificação do nosso Código Civil).

Anote-se, ainda, que, a exemplo do modelo suíço – que dispõe de Código autônomo de obrigações –, já se cogitou, entre nós, de tratar destacadamente dessa temática, mas acabou prosperando a diretriz da inclusão no Código Civil.

3. Evolução

O direito obrigacional já se encontrava estruturado nitidamente no direito romano, em que se colocou a divisão tripartite dos direitos privados: direitos pessoais, direitos reais e direitos obrigacionais, estes para os relacionamentos patrimoniais entre pessoas, em torno das ações de *dare, facere* e *praestare,* depois de superadas as etapas iniciais de assentamento do direito.

De caráter pessoal e, portanto, submetendo a pessoa do devedor na fase inicial, a obrigação possibilitava, na hipótese de inadimplemento, a denominada *manus injectio,* por meio da qual o credor dele se apossava, sacrificando-lhe a liberdade para a paga.

Mais tarde, com a plena identificação entre obrigação e débito, deslocou-se a execução para os bens do devedor, realçando-se o seu caráter patrimonial e sujeitando-se, pois, somente ao plano material a garantia do credor. A responsabilidade passou a incidir sobre o patrimônio do devedor (com a chamada *Lex Poetelia Papilia*), substituindo-se pela *pignoris capio* a execução pessoal.

A evolução ocorrida nesse campo acompanhou a própria história da expansão da economia no mundo, caracterizando-se por distintas épocas e por posicionamentos próprios, que, no entanto, podem ser concentrados em alguns períodos básicos: o rural, típico da Antigüidade; o do desenvolvimento do comércio, na Idade Média; o da expansão industrial, na Idade Moderna (na Revolução Industrial) e o da explosão tecnológica do século XX (na Revolução Tecnológica).

Assim, do caráter rudimentar da economia primitiva à produção para clientela certa e, ora, à universalidade do sistema produtivo, que ultrapassa as fronteiras de países e de continentes, o direito obrigacional passou por vários ajustes e por sensíveis transformações, assistiu à formulação e à sagração dos direitos comercial, trabalhista e econômico, como direitos autônomos, acompanhou o destaque e a reformulação de vários institutos de sua estruturação, sempre sob a evolução ideológica da humanidade e sob a tônica da ação intervencionista do Estado, principalmente a partir do século XX.

Com isso, relações que originariamente compunham a sua textura não mais nela se encartam, integrando, ao revés, outros regimes, como, por exemplo, a prestação de serviços mediante vínculo empregatício (objeto do direito do trabalho); a relação de consumo (objeto do direito econômico, para defesa do consumidor); as relações em atividades empresariais de cunho mercantil (atividades de produção, industrialização, comercialização, distribuição e intermediação de bens e de serviços: matérias do direito comercial); as relações entre o autor de obra literária, artística e científica com os editores e os empresários dos vários setores artísticos (objeto do direito de autor, que analisamos em nosso *Curso de direito autoral*); as relações compreendidas na exploração da terra (definidas no denominado Estatuto da Terra, objeto do direito agrário).

Mas, como assinalamos, o substrato comum, que forma o cerne do direito das obrigações, continua a prosperar em todos os campos em que a matéria de ordem negocial esteja na base.

Sob o prisma ideológico, do individualismo da época romana às transformações de ordem social sofridas ao longo dos séculos, em especial no século XIX, o direito obrigacional viveu as diferentes tendências, manifestando-se atualmente imbuído de um marcante sentido social, refletido em vários de seus institutos, designadamente no âmbito da responsabilidade civil, com a noção de "socialização dos riscos" que tem objetivado a sua base, e no âmbito dos contratos, com a noção de "função social" do contrato, que se reflete, dentre outros planos, na interpretação e na execução dos termos do ajuste (idéias consagradas na atual Constituição).

4. Relações com as outras ramificações do direito civil

Formando subsistema dentro do âmbito do direito civil, o direito das obrigações mantém estreita ligação com as suas várias ramificações, na regência do aspecto patrimonial das relações entre pessoas, respeitadas, no entanto, as conotações próprias assumidas em cada qual, em razão de suas especificidades.

Com efeito, relaciona-se com a Parte Geral do Código (em que se regulam os direitos da personalidade e os da pessoa), de que recebe princípios informativos, mas também fornece normas e parâmetros para a regência de relações com os citados direitos, quando ingressam na circulação jurídica (assim, por exemplo, as regras sobre uso de bens integradores da personalidade em fins publicitários, comerciais, científicos, altruísticos etc., que versamos em nosso livro *Os direitos da personalidade*).

Com o direito de família e o direito das sucessões, o relacionamento diz respeito à regência dos aspectos patrimoniais decorrentes do casamento, do parentesco, das heranças, dos legados e demais institutos que os compõem. Daí, a existência de relações obrigacionais em outros campos, mas sob princípios e normas especiais, diante da respectiva estruturação e dos objetivos visados.

Com o direito das coisas (ou direitos reais), a influência do direito obrigacional faz-se sentir na informação da respectiva base, em especial quanto à posição da coletividade no respeito aos direitos do titular de posse e de propriedade e no regime das garantias (hipoteca, penhor etc.). Ademais, os direitos reais e os obrigacionais são direitos de cunho patrimonial.

Mas é com o direito dos contratos que o estreitamento das relações alcança o nível mais íntimo, em razão da respectiva formulação teórica, que evidencia a condição de fonte de obrigações de que se reveste. De fato, constituindo-se, ademais, ele próprio, em figura integrada de diferentes obrigações (por exemplo, no contrato de compra e venda, as de dar e de fazer: entregar a coisa, acondicioná-la adequadamente e transportá-la etc.), fácil se mostra a percepção do grau de aproximação entre as duas áreas (que, como anotamos, se identificaram nos Códigos baseados no modelo francês, mas, no estágio atual, devem ser considerados matérias dotadas de conteúdo próprio). Assim também se passa com a teoria da responsabilidade civil, em que se encartam as demais fontes de obrigações (as extracontratuais: atos ilícitos e atos antijurídicos), mostrando-se ademais a intimidade do elo – que faz dela parte do direito obrigacional – na noção de garantia que a responsabilidade envolve, integrando, como vimos, a própria obrigação.

Emergem do estudo desses relacionamentos certas obrigações que, por sua hibridez, têm deixado perplexa a doutrina quanto à sua exata qualificação, como, por exemplo, a obrigação alimentar (no direito de família) e a obrigação denominada *propter rem* (no direito das coisas). Nascidas por força do ordenamento jurídico – e não da vontade das partes –, a primeira destina-se a propiciar sustento a parentes necessitados, dentro do espírito fraternal que na família deve existir, identificando-se mais, pois, com o contexto do direito de família; a segunda, própria de direitos de caráter real (direitos sobre a coisa, como a propriedade, o condomínio), decorre do fato da titularidade, como, por exemplo, a obrigação do proprietário de colaborar para a demarcação de limites com seu vizinho; do condômino, com as despesas de manutenção e de conservação da coisa e outros, e encontra suas razões na harmonia que o direito das coisas quer fazer prevalecer nas relações de vizinhança e de co-propriedade. Em nosso entender, são obrigações especiais, que à luz dos princípios e dos preceitos dos direitos próprios devem ser consideradas, assim como as obrigações denominadas naturais – em particular, a de crédito despido de ação, como as dívidas de jogo e as prescritas –, cujas peculiaridades lhes emprestam conotação própria no contexto obrigacional. Anotem-se, por fim, as obrigações com eficácia real, aquelas de que surgem direitos reais, como a do compromisso de compra e venda de imóveis, que permite a adjudicação do bem, nas condições legais – a do locatário quanto à preferência para a aquisição do bem –, as quais melhor se situam no terreno real (e não simplesmente obrigacional).

Capítulo II

AS OBRIGAÇÕES E SUA ESTRUTURAÇÃO

SUMÁRIO: 5. *Conceito de obrigação.* 6. *Elementos constitutivos.* 7. *Fontes.* 8. *Obrigação e vontade.* 9. *Obrigação e ordenamento jurídico.* 10. *Relações entre contrato (e outras fontes) e obrigação.*

5. Conceito de obrigação

Oriundo do vocábulo de *obligatio* (*ob* + *ligare*), o termo obrigação acarreta um vínculo de direito que os romanos definiam como *vinculum iuris quae necessitate adstringimur alicuius solvendae rei, secundum nostrae civitatis iuris* (ou seja, que nos adstringe necessariamente a alguém, para solver alguma coisa, em consonância com o direito civil). Mas o sentido amplo inicial veio, depois, a encontrar a sua exata significação com a redução a situações apreciáveis economicamente.

Assim, no plano técnico-jurídico, envolve ora a idéia de relação temporária entre pessoas, que se reveste de caráter patrimonial ou que a ele possa ser revertida. Mas designa também o próprio instrumento de crédito ou documento comprobatório desse direito (como nas expressões "obrigações ao portador" e "obrigações do tesouro" e outras).

A palavra corresponde, ainda, ao dever e, sob o prisma do obrigado, indica a relação de débito (no alemão, *Schuldverhaltnisse*), enquanto, sob o do credor, constitui direito de crédito (*Forderungsrechte*). A primeira importa no dever jurídico de solver e a segunda no direito de exigir, dada a bilateralidade da obrigação (que, portanto, é espécie do gênero dever).

Apresenta-se, assim, a obrigação correlata ao direito, correspondendo, de um lado, a um crédito e, de outro, a um débito, enlaçando partes distintas como, por exemplo, nas obrigações ínsitas no negócio jurídico da compra e venda: ao direito do vendedor de exigir o preço corresponde a obrigação de entregar a coisa e ao comprador cabe o pagamento do preço (débito) e o recebimento da coisa (crédito).

Desdobra-se, ademais, a obrigação em débito (dívida) e responsabilidade (a garantia), pois, sendo entidade jurídica, contém em si a força sancionadora. Dessa forma, à obrigação do devedor em solver corresponde o direito do credor de exigir, por ação própria, ou mediante ordem judicial, o seu cumprimento, sob pena de sujeição do respectivo patrimônio à satisfação dos interesses do titular do crédito.

Com isso, tem-se que a finalidade da obrigação é a realização da prestação a que se comprometeu o devedor (relação originária), mas, em caso de inadimplemento, segue-se a submissão de seu patrimônio ao cumprimento. Assim, não satisfeito o débito por inobservância do dever de prestar (por ação do obrigado), surge a responsabilidade (ou garantia), sobre o seu patrimônio, que permite ao credor exigi-lo judicialmente, com base em outra obrigação (relação jurídica secundária, ou subsidiária), a de responsabilidade civil.

Decorre daí que o débito (*Schuld*) constitui a obrigação de concretizar a prestação, enquanto a responsabilidade (*Haftung*) a substitui, na hipótese de descumprimento, fazendo recair sobre o patrimônio do devedor os ônus correspondentes. Mas, cumprida a obrigação, extingue-se o vínculo (*solutio*), liberando-se o devedor, de sorte que a transitoriedade participa de sua textura.

Verifica-se, pois, que a obrigação não se confunde com o dever moral, nem com os deveres jurídicos gerais, nem com os próprios do campo do direito das coisas (direitos reais).

A força específica de que se reveste insere-a no plano do direito, distanciando-se, outrossim, a obrigação de outros deveres jurídicos, dado o seu caráter restrito (e não amplo, como os deveres, dos cônjuges no campo do direito de família), enquanto, com respeito aos direitos reais, não comunga com o direcionamento a toda a coletividade e o poder sobre a coisa que os caracteriza (pois se refere apenas às partes relacionadas e em função do direito pessoal, de crédito, que as une, e que não permite, por exemplo, a reivindicação da coisa naquela área possível).

Pode-se, então, conceituar obrigação – sob o aspecto passivo – como o vínculo jurídico temporário que adstringe alguém (o devedor) a dar, fazer ou não fazer alguma coisa, apreciável economicamente (a prestação), em prol de outrem (o credor). Constitui relação, amparada pelo direito, pela qual alguém deve cumprir determinada prestação em favor de outrem (exigível judicialmente a satisfação, se não realizada).

Mas a doutrina assenta que, embora ligadas as idéias de obrigação (*debitum*) e responsabilidade (*obligatio*), há situações em que uma subsiste sem a outra: assim, na obrigação natural (aquela não suscetível de cobrança judicial, como a dívida de jogo, a prescrita e outras) não há responsabilidade, que, ao reverso, pode existir sem débito (como na fiança, em que o fiador responde no descumprimento, pelo devedor, da obrigação originária). Insere-se, com isso, a noção de eqüidade à de juridicidade, na busca da fundamentação da obrigação.

6. Elementos constitutivos

Em consonância com o conceito apresentado – e que prospera na doutrina –, quatro são os elementos constitutivos da obrigação: sujeitos (ativo e passivo), vínculo jurídico e objeto.

De início, sob o aspecto da titularidade, contrapõem-se dois pólos ou partes (conjuntos de interesses diferentes), ou seja, o sujeito ativo (credor) e o sujeito passivo (devedor).

O sujeito ativo é o credor da obrigação, ou seja, aquele em favor de quem o devedor se comprometeu a prestar. Tem, pois, como titular o direito de exigir o cumprimento.

Pode ser pessoa física ou jurídica; determinado ou indeterminado, mas determinável à ocasião do cumprimento. Pode ser pessoa presente ou futura, ou existente ou a existir (assim, as contemplações a favor de nascituro; os negócios com sociedade em formação etc.).

O interesse do credor pode ser econômico ou moral e, em razão da separação operada pelo trabalho da doutrina – em especial italiana, à época da codificação de 1942 – entre esse elemento e o caráter patrimonial da obrigação, tornou-se possível o assentamento da doutrina da reparabilidade do dano moral (hoje expressa no art. 186 do novo Código Civil).

O sujeito passivo é o devedor da obrigação, ou a pessoa constrangida a cumpri-la, por si ou, quando possível, por outrem.

Suscetível de submeter-se às mesmas classificações do sujeito ativo, tem, no entanto, posição jurídica diversa: a responsabilidade de cumprir acresce-se ao débito, de sorte que pode ser compelida, ou pelo credor, ou pelo juiz, por via das ações próprias, a satisfazer o interesse do credor, arcando com seu patrimônio pelas conseqüências do descumprimento.

Objeto da obrigação é a prestação, ou algo a realizar-se, de cunho positivo ou negativo (dar ou fazer, de um lado, e não fazer, de outro). Vale dizer: é o fato do devedor que constitui o conteúdo do direito de crédito.

Pode ser objeto de obrigação qualquer prestação realizável, lícita e economicamente, com os bens jurídicos disponíveis (como: entregar alguma coisa; prestar serviço; ceder uso de coisa etc.). A prestação deve ser possível, fática e juridicamente, bem como suscetível de valoração econômica (ou seja, deve envolver bens passíveis de ingresso na circulação jurídica, como coisas móveis, imóveis e semoventes, direitos disponíveis e outros, tudo em conformidade com as ordens fática e jurídica: assim, não se pode constituir obrigação com coisa inexistente, como espécies animais extintas, façanhas irrealizáveis, incursões a espaço inatingível pelas forças próprias e outras).

Vínculo é o liame que une as partes em torno do objeto. Consiste, sob o aspecto passivo, ou sob o ângulo do devedor, no dever de prestar e, sob o do credor, no direito de exigir a prestação, dentro da ordem jurídica (obrigação propriamente dita) e do princípio da eqüidade (obrigação natural).

Na explicação do substrato da obrigação – que se, de um lado, corresponde a um direito, dentro das idéias de correlação e de bilateralidade, de outro, implica débito e responsabilidade

– tem-se dividido a doutrina entre civilistas e processualistas, procurando estes encontrar no direito processual as razões, em especial ante certas situações, como a da fiança, em que sem débito há responsabilidade. Mas prospera, com os civilistas, a orientação de que envolve dois elementos que se integram: o espiritual, dever ínsito na consciência do obrigado, compelindo-o a prestar em favor do credor, para a manutenção da harmonia da vida em sociedade e o conseqüente bem comum; e o material, na garantia geral sobre o patrimônio, que submete os bens do devedor ao cumprimento, ficando, pois, adstrito à integral satisfação dos interesses do credor. A interação dos dois elementos (o espiritual e o material) forma o núcleo do vínculo, limitando a posição do devedor e favorecendo o credor para a posterior realização de seu direito, com o que dele não se destaca a idéia de responsabilidade (defendida por processualistas como relação de caráter instrumental, destacada do débito).

Mas cumpre serem ressaltadas algumas particularidades a respeito desses elementos, completando-se a correspondente formulação teórica.

Assim, quanto aos sujeitos, deve-se anotar a possibilidade de existência de pluralidade de titulares, tanto no pólo ativo como no passivo. A relação entre essas categorias resume-se no dever do sujeito passivo de prestar e no poder que o sujeito ativo tem de exigir dele a ação ou omissão pretendidas, na satisfação de seu interesse, que é o fim mesmo da obrigação. Assim, na compra e venda, o comprador deseja o bem, enquanto o vendedor quer o preço, e é nessa contraposição de situações que se acha a tônica do vínculo obrigacional: cada um, pela ação do outro, satisfará o seu objetivo.

A prestação, ou seja, a realização da ação (de dar, de fazer) ou a omissão (não fazer) do obrigado é o objeto da obrigação (assim, a entrega do bem, a efetivação do serviço), que alguns autores desdobram em objeto imediato (essas atividades) e mediato (a coisa, o bem, ou o serviço propriamente). A patrimonialidade é da essência da prestação, mesmo quando corresponda a interesse moral: nesse caso, deve aquela ser suscetível de avaliação econômica (como, por exemplo, na indenização pelo fato da morte, ou do sofrimento, em que avulta o caráter compensatório do ressarcimento), mas, inexistindo esta, o juiz atribuirá, em caso de reparação de danos, um equivalente (patrimonialidade por via indireta, que justifica, pois, a indenizabilidade do dano moral).

Ressalte-se, a propósito, a longa discussão havida na doutrina, sobre a abrangência, ou não, de elementos morais na obrigação, que se aclarou com os pensadores italianos que, na edificação de seu Código atual, separaram com nitidez a economicidade da prestação do interesse do credor, salientando que este, mesmo sendo moral, justificava a constituição do vínculo. Esse posicionamento, de extraordinário alcance, contribuiu, dentre outros pontos, para a evolução da teoria da responsabilidade civil e para a defesa de componentes essenciais da personalidade humana, os denominados "direitos da personalidade", como adiante analisaremos.

Aponte-se, outrossim, com referência ao objeto da prestação, que a impossibilidade elide a existência de obrigação, quando originária (presente ao tempo da constituição), ou modifica ou extingue a relação quando superveniente, de acordo com a máxima *ad impossibilia nemo tenetur*. Pode a impossibilidade ser objetiva, ou seja, extensível a todos, ou subjetiva, apenas para quem se obriga (incapacidade ou inaptidão). Mas, na hipótese de impossibilidade parcial, pode ser do interesse do credor a realização correspondente, de sorte que a questão se solve, na prática, em consonância com os seus interesses.

De outro lado, o objeto pode ser, como anotamos, ilícito, cabendo verificar-se essa condição à luz dos conceitos de ordem pública, bons costumes e normas cogentes existentes: assim, um objeto contrário a esses elementos não poderá prosperar.

Quanto à determinação do objeto, a coisa a ser realizada deve revestir-se das características de certeza ou de determinabilidade, bastando, pois, no último caso, a indicação de seus elementos individualizadores. Nas prestações genéricas, por sua vez, o cumprimento ocorre após a individualização do bem pela escolha do devedor (fenômeno da concentração do objeto).

Por outro lado, com respeito ao crédito, deve-se ponderar que existe no momento da contratação, mas o direito de o credor reclamar (pretensão) surge apenas com o respectivo vencimento, em que passa a ter o poder de exigir a submissão do devedor para a realização do ato ou a obtenção do equivalente, ou correspondente em dinheiro, em seu patrimônio. Na realização do crédito, prolongamentos outros existem, além da satisfação de seu valor, como os juros e a correção monetária (acréscimos legais ou contratuais). Pode, outrossim, subsistir o crédito, mesmo em extinção da obrigação, sempre que não houver pagamento, total ou parcial, do valor.

A não-realização dos objetivos do credor gera-lhe o direito de obter judicialmente o crédito, através das ações próprias. A propositura da ação constitui, então, outra relação jurídica (a processual), em que se integra o juiz (aparato estatal), para efeito de compelir o devedor ao cumprimento, com as cominações cabíveis.

Pode haver substituição dos sujeitos na obrigação, como exceção à regra da determinação do titular (como, por exemplo, na por título ao portador, em que se transmite o direito por tradição, com a conseqüente mutação do sujeito, em fenômeno que a doutrina chama de obrigação ambulatória). Admite-se, outrossim, intervenção de terceiro, seja no cumprimento, seja na execução da obrigação, nos casos de representação (outorga a outra pessoa de poderes especiais para agir em nome do obrigado); preposição (atuação de pessoa autorizada, em nome de outra, independentemente de procuração), e execução de ordens (atuação de subalterno em cumprimento de funções cometidas, como na ação do mensageiro).

Anote-se, por fim, que, à falta de qualquer dos elementos referidos, não haverá obrigação no sentido técnico-jurídico.

7. Fontes

As obrigações podem resultar de disposição da vontade humana (fontes voluntárias) ou da prévia ordenação do sistema jurídico (fontes normativas, ou legais). No primeiro caso, nascem espontaneamente por ação do interessado (através de declaração unilateral de vontade, ou de contrato), formalizando-se nos respectivos instrumentos. No segundo, derivam diretamente de ditames da ordem jurídica, independentemente, ou mesmo contra, a vontade da parte (através de efeitos de ações ilícitas, do exercício de atividades perigosas, do abuso de direito e do enriquecimento sem causa). No primeiro caso, surge a obrigação da expressão concreta da vontade do interessado; no segundo, aparece com a prática de ações desconformes à ordem jurídica, dentro das noções de antijuridicidade objetiva e subjetiva.

Assim, existe obrigação: tanto por vontade do agente, que, na limitação de sua liberdade e na vinculação de seu patrimônio, expede declarações de interesse econômico a favor de outrem (como na promessa de recompensa; na atribuição de prêmio em concurso; na realização de negócios como os de compra e venda, de depósito, de doação, de locação de coisas etc.), como por força de ditames da ordem jurídica posta, que se sobrepõem, ou mesmo desconsideram ou sancionam, a vontade do agente, diante de resultados lesivos, em diferentes ações, que ingressam nas categorias da antijuridicidade objetiva (independente do comportamento do agente e provocável até por fato jurídico) e subjetiva (relacionada à consciência do agente e resultante, pois, de ação volitiva). No primeiro elenco, encontram-se as declarações unilaterais de vontade e os contratos (CC, arts. 854 a 860 e 421 a 853, respectivamente); no segundo, os atos ilícitos (atos contrários à ordem jurídica e que lesam direitos de outrem: CC, art. 186), o exercício de atividade perigosa (de cujo risco decorrem danos que o titular deve reparar: CC, art. 927, parágrafo único), o enriquecimento sem causa (locupletamento indevido de alguém, ou seja, sem título jurídico justificador: CC, arts. 884 a 886) e o abuso de direito (excesso no exercício de direito, que atinge injustamente direito de outrem: CC, art. 187).

Mas a problemática das fontes das obrigações – assim como as do direito em geral – nem sempre se mostrou tranqüila, percorrendo, ao revés, longa e tortuosa vereda.

Assim, no direito romano, não obstante certas dissensões, fontes de obrigações eram: o contrato e o delito, o quase-contrato e o quase-delito, desde que concentrado o intérprete na noção de fato gerador, ou seja, fato de que surgem (e não de causa, que tem sentidos diferentes: como causa de obrigação, ou seja, geradora da obrigação; ou causa da obrigação, ou fator que levou a pessoa a comprometer-se concretamente).

Nesse sentido, a obrigação nascia: do contrato (*ex contractu*), ou seja, do acordo de vontades entre as partes, para a criação, a modificação, ou a extinção de relação jurídica patrimonial; do delito (*ex delictu*), ou seja, do ato contrário à ordem jurídica lesivo a direitos de outrem (ato ilícito); do quase-contrato, ou seja, de situações jurídicas semelhantes a ajustes de vontade (na gestão de negócios: realização de atos tendentes à preservação de negócios alheios, sem prévia autorização ou acordo; na indivisão: prática de atos de defesa no interesse dos comunheiros; e no pagamento indevido, ou seja, sem título jurídico; obrigações nascidas da tutela, da curatela, de relações de vizinhança e em casos em que houvesse a *conditio indebiti*) e do quase-delito (modalidades de ações que se aproximavam dos delitos definidos na ordem civil, conhecidos pelas expressões: *effusum et dejectum*, ou de coisas lançadas ou caídas de edifício; *positum et suspensum*: de coisas colocadas na parte externa do prédio; e *iudex litem suam fecerit*, ou sentenças judiciais erradas ou injustas, e na fraude contra credores).

Mas à vista da construção da doutrina científica, as codificações baseadas na francesa acresceram a lei como fonte de obrigações, ou seja, como força impositiva, independente da prática de ato (lícito, ou ilícito) (como a obrigação alimentar, a que os parentes estão sujeitos). Já o Código alemão não fez a distinção entre fontes contratuais e acontratuais, aplicando-lhes a mesma química na disciplina legal.

O Código italiano de 1942 erigiu, por sua vez, o ordenamento jurídico como fonte única das obrigações, distribuindo o livro respectivo em várias partes, para albergar a teoria geral das obrigações, a dos contratos, figuras contratuais em espécie, a promessa unilateral, a gestão de negócios, o pagamento indevido, o enriquecimento sem causa, os fatos ilícitos e também os títulos de crédito. Resumiu, pois, no contrato, no fato ilícito e em outros aptos pelo ordenamento a gerar obrigações, a temática das fontes, mas, diante da posição adotada de unificação do direito privado (civil, comercial e trabalhista, em um só corpo de normas), inseriu também os títulos de crédito nesse contrato, em posição singular.

De qualquer sorte, tem-se que, ou da vontade, ou do ordenamento jurídico, decorrem as obrigações, vistas sob a respectiva gênese; daí, a divisão que adotamos, quanto às fontes, que entendemos como voluntárias ou normativas (expressão que preferimos à de legais, que apresenta sentido estrito). Por outras palavras, o fato constitutivo (a que alguns autores chamam de causa eficiente) da obrigação é ou manifestação volitiva (expressão formal de vontade) ou exteriorização de situação prevista no comando normativo (concretização de fato gerador capitulado, ou ínsito, no sistema).

Pode-se, ainda, em consonância com a doutrina, cogitar de relações obrigacionais de origem negocial (contratual), ou extracontratual (ou fontes contratuais e extracontratuais), levando-se em conta a mesma colocação (com a inserção, entre as primeiras, da declaração unilateral). Aplicada à responsabilidade, que integra a noção de obrigação, tem-se a derivada de contrato (contratual ou negocial), e a extracontratual (delitual, ou aquiliana, em razão da origem romana, na *Lex Aquilia de damno*).

8. Obrigação e vontade

Dentro do poder negocial de que dispõem, as pessoas autolimitam a sua ação, para a consecução de objetivos vários visados, podendo, nesse plano, obrigar-se mediante promessa unilateral (ou declaração unilateral de vontade) ou contrato (incluídos os negócios coletivos). Na primeira hipótese (como a promessa de recompensa por via de declaração aberta ao público), compromete-se alguém a cumprir determinada obrigação, vinculando-se com a pessoa que preencher os requisitos previamente estipulados. Na segunda, por acordo de vontades, procuram alcançar as partes operações negociais passíveis de regulação a esse nível (como a aquisição de bens, a obtenção de serviços, o uso de bens alheios etc.).

As relações jurídicas formam-se: na declaração unilateral, com a sua expedição formal, efetivando-se o seu cumprimento com a pessoa que atender às condições propostas, e, no contrato, com a conjugação das declarações no sentido visado pelas partes, para a criação, a garantia, a modificação ou a extinção de relações jurídicas.

São relações de ordem pessoal, com sujeitos de direitos interessados em objetivos patrimoniais, ou a eles redutíveis, compondo-se cada qual de diferentes obrigações, em consonância com a respectiva natureza, a ordem jurídica e as disposições postas pelos interessados.

Assim, nas declarações unilaterais, o interessado emite a manifestação formal de vontade, obrigando-se com os eventuais interessados à luz das regras por ele dispostas, respeitadas as de cunho legal imperativo.

Nos contratos, as partes estabelecem as cláusulas e as condições de seu interesse, vinculando-se nos termos dos respectivos instrumentos, sob a égide de sua natureza (venda, locação, mandato etc.) e obedecidos os comandos legais cogentes aplicáveis. No sistema do novo Código Civil, deve-se observar que a gestão de negócios se encontra encartada nos atos unilaterais (arts. 861 a 875).

São ambos fontes de obrigações, como anotamos, constituindo-se em declarações formais de vontade tendentes à realização de fins materiais em que se vinculam o declarante (na promessa unilateral) e os contratantes (no contrato).

Com essas fórmulas jurídicas, e objetivando operações negociais possíveis, estabelece-se a relação jurídica obrigacional, que impele devedor (ou devedores) a cumprir a prestação (ou prestações) a favor do credor (ou credores), autorizando-os a atuar, no descumprimento, sobre o respectivo patrimônio.

9. Obrigação e ordenamento jurídico

Mas, independentemente da vontade da pessoa, ou mesmo contra essa vontade, defluem do ordenamento vigente inúmeras obrigações, como assinalamos, as quais encontram seu fato gerador seja em norma, seja em princípios ordenadores do sistema jurídico, dentro das noções básicas de desconformidade (ou antijuridicidade) objetiva e subjetiva.

Assim, em certas situações já definidas, como na prática de ato ilícito (ato contrário à ordem jurídica, que causa prejuízo a outrem); no exercício de atividades perigosas (diante do risco introduzido na sociedade, em que vêm a ser lesionados terceiros); no abuso de direito (ultrapassar, no exercício de direito, os limites impostos pelo fim econômico ou social, pela boa-fé e pelos bons costumes); no enriquecimento sem causa (aumento injustificado do patrimônio à custa de sacrifício do alheio), é o sistema jurídico que impõe obrigação ao agente, fazendo-o responder perante o lesado pelos efeitos correspondentes (como pela reparação do prejuízo, sob os aspectos moral e patrimonial, pela restituição ou recomposição do patrimônio alheio e outros mecanismos, devendo-se, desde logo, anotar, quanto ao plano moral, a indenizabilidade inclusive do dano puro, que, no entanto, na prática, se reduz à ação sobre o patrimônio do devedor, mas com valores que o desestimulem a novas investidas, como tem a jurisprudência assentado).

Vincula-se, pois, o agente a relação com o lesado, compelido pela força do ordenamento jurídico, nela prescindindo-se de declaração de vontade, pois opera efeitos acima, ou mesmo contra, a vontade do agente.

No fundo, encontra-se, a embalar todo o contexto do direito obrigacional, o dever de retidão de conduta, que o direito retirou da moral e cunhou-o tecnicamente, para possibilitar a convivência normal e tranqüila das pessoas na órbita econômica, permitindo a circulação jurídica de bens e de riquezas à luz da idéia de higidez de comportamento das pessoas.

Sacrificam-se, assim, interesses individuais de uns para permitir-se o pleno gozo de direitos de outrem, sob o primado do ordenamento jurídico e do princípio da eqüidade, que deve imperar no equacionamento de conflitos cuja temática não esteja regulada explicitamente pela lei.

10. Relações entre contrato (e outras fontes) e obrigação

As relações entre contrato (e outras fontes) e obrigação cingem-se às existentes entre ato e efeito; vale dizer: um, o ato, é a gênese do outro, a obrigação. Assim, o contrato e as demais fontes, como a declaração unilateral, o ato ilícito e outras são o ato jurídico (em sentido amplo) donde se originam obrigações, que também podem decorrer de fatos jurídicos.

Daí, obrigações são resultados de ações perpetradas pela pessoa ou decorrentes do ordenamento jurídico.

Remontando-se à divisão dos fatos de interesse jurídico (fatos jurídicos ou jurígenos), têm-se os naturais (independentes do homem) e os humanos (ou voluntários), e estes, por sua vez, desdobram-se em jurídicos, quando conformes ao ordenamento, e ilícitos, quando desconformes. Os fatos jurídicos subdividem-se em tendentes a produzir efeitos previstos no ordenamento (declaração de vontade destinada a obter o resultado estipulado, ou negócio jurídico, como nos diferentes contratos) ou não (atos jurídicos em sentido estrito, em que o resultado pode nem ser cogitado, como, por exemplo, na fixação de domicílio, na especificação de um bem, na criação de uma obra intelectual). Os ilícitos encartam-se, em consonância com a sintonia volitiva do agente, nas categorias da antijuridicidade subjetiva e da objetiva, como já notamos.

Assim, as obrigações são conseqüências dos diferentes fatos humanos, voluntários ou não, que o ordenamento jurídico declara, ou reconhece, como geradores, ou constitutivos.

Nesse sentido, não cabe, pois, falar em causa no âmbito das obrigações – como querem alguns autores – senão dentro do contexto especificado *supra*, ou seja, como fonte; daí por que entendemos que a discussão sobre a problemática particular da causa (motivo, ou razão) que leva a parte a obrigar-se é própria do domínio do direito contratual (e não obrigacional). Com efeito, as cogitações sobre os fatores que conduzem as partes (ou a parte) a celebrar contratos situam-se no plano citado, em que encontram a sua razão, dentro do estudo de seus pressupostos e ao lado de outros elementos.

Além disso, cumpre distinguir-se objeto da obrigação do contrato: enquanto aquele se refere a algo concreto (como entregar uma coisa, pagar, executar um serviço, ou realizar uma obra), este reveste-se de caráter genérico (compreendendo operações próprias da circulação jurídica, tendentes à satisfação de necessidades pessoais, como a obtenção de recursos; a concessão de uso de bem alheio; a aquisição de bens etc.). O primeiro é específico, compondo uma prestação, dentro das noções básicas de dar, fazer ou não fazer algo concreto, variando, pois, em cada situação (dar coisa certa, como um objeto raro; ou incerto; ou fazer tal obra; ou executar tal serviço). O segundo é genérico e comum à espécie contratual a que se refere (compra e venda, empréstimo, empreitada, prestação de serviços etc.), não se modificando, pois, qualquer que seja a relação concreta. Objeto da obrigação é, portanto, a prestação em si, enquanto o do contrato reside no complexo de operações que compõem o mundo negocial.

Por fim, não obstante a inserção da matéria sobre contratos no direito obrigacional, versaremos a problemática dos princípios informativos no plano do direito dos contratos (os princípios da autonomia da vontade, do consensualismo, da obrigatoriedade das convenções etc.), eis que se referem, com mais precisão, aos acordos de vontade e às declarações unilaterais (ou seja, às fontes) e não às obrigações propriamente ditas.

Capítulo III

O ASPECTO MORAL NAS OBRIGAÇÕES

SUMÁRIO: 11. *O sentido atual da prestação: o ingresso de componentes morais.* 12. *Influência do aspecto moral na legislação obrigacional.*

11. O sentido atual da prestação: o ingresso de componentes morais

Embora de caráter patrimonial a prestação, é de enorme relevo em tema de obrigações a problemática do aspecto moral, eis que exerce decisiva influência em vários campos, em especial no das obrigações personalíssimas, com referenciamento à vinculação de componentes intrínsecos da personalidade humana ao comércio jurídico, e à luz do progresso tecnológico do mundo atual. Ênfase maior apresenta esse elemento no terreno da obrigação de indenizar, em que se insere, dentre outras, a questão da reparabilidade do dano moral e que muita discussão provocou na doutrina e na jurisprudência a partir de uma visão estreita de um texto latino, a saber: "*ea enim in obligatione consistere quae pecunia lui praesterique possunt*". Com base nesse texto, sustentou-se a idéia de patrimonialidade da prestação (*pecunia*), descartando-se a incidência de conotações morais em seu âmbito. Mas, à doutrina científica coube precisar os conceitos, separando-se essa noção da de interesse do titular, para demonstrar que, mesmo sendo este moral, há obrigação no sentido técnico-jurídico.

Com efeito, não se reduz à exclusiva patrimonialidade o objeto da prestação, que pode ser composto de elementos morais (como nos casos de dano à personalidade, na obrigação de indenizar, na idéia de ofensa à honra, na reparação do sofrimento estético; da dor da morte e assim por diante). Tem-se, pois, atualmente que, no contexto da prestação, ingressam componentes de ordem moral, ao lado dos de cunho econômico, ou dos a tanto redutíveis, como se deflui da evolução doutrinária e jurisprudencial; assim, embora fundamentalmente de cunho econômico, a suscetibilidade de avaliação permite a inserção, por exemplo, do dano moral, dentro da ressarcibilidade possível na teoria da responsabilidade civil. Indeniza-se, portanto, o dano moral puro, como sancionamento imposto ao lesante na órbita da responsabilidade, pelo simples fato da violação, traduzindo-se o valor correspondente em verba definida pelo juiz, no caso concreto, mediante arbitramento e à luz das circunstâncias próprias (no novo Código, a indenizabilidade do dano moral está consagrada em texto expresso: art. 186).

Assente está, pois, a inserção de caracteres morais na idéia de obrigação, em consonância, aliás, com a base ética desse campo do direito, que consagra princípios milenares ínsitos na consciência humana. Com isso, o objeto da obrigação pode conter elementos morais, aferíveis economicamente, ou por meio de equivalência; daí, as noções de patrimonialidade direta (na satisfação correspondente) e indireta (na equivalência). Mas pode ainda, por via de compensação, representar ingressos no patrimônio do titular do direito lesado, em face de violações de elementos morais, acobertando, pois, a noção de dano moral puro (como, por exemplo, na violação de direito moral de autor: uso de obra sem a indicação do nome do autor, mesmo que lhe não decorra prejuízo moral, pois o lesionamento deflui do simples ato violador, ou de constrangimento, ou do sofrimento do titular ante a ação lesiva).

Não se confunde, outrossim, a prestação com o interesse do credor, que pode ser econômico ou moral. A prestação é a ação devida, de dar, fazer ou não fazer; o interesse é o fim visado pelo credor, revestindo-se, conforme o caso, de cunho econômico (realizar um negócio; obter um bem; acrescer o seu patrimônio) ou moral (satisfação pessoal, afetiva, sentimental, compensação de dor, de sofrimento, satisfação à honra etc.). São sempre elementos que produzem efeitos na órbita jurídica, suscitando deveres, excluindo-se, conseqüentemente, aqueles que não sejam suscetíveis de obter correspondência no plano obrigacional (como os deveres morais puros, como a caridade, os sentimentos, a fidelidade, a piedade etc., em que inexiste o *vinculum iuris*).

12. Influência do aspecto moral na legislação obrigacional

A influência de fatores morais faz-se sentir em diferentes pontos da textura do direito obrigacional, a par de outros planos do direito civil. Especial consideração merecem no âmbito dos direitos da personalidade e dos direitos autorais, em que mais fortemente se manifestam.

Com efeito, registre-se, de início, que o próprio Código Civil, no plano da obrigação de indenizar (ou responsabilidade civil) (arts. 927 e segs.), contempla vários elementos de índole moral, mandando reparar bens como valor de afeição, honra, liberdade pessoal e outros integrantes da personalidade humana. Reconhece a ocorrência de ato ilícito na hipótese de dano exclusivamente moral (art. 186).

No campo dos direitos autorais, em que se admitem direitos patrimoniais e morais ao autor (Lei nº 9.610, de 19.2.98, arts. 24 e segs. e 28 e segs.), o reconhecimento do elo pessoal entre autor e obra baliza os negócios firmados para utilização econômica da criação, fixando limites intransponíveis à vontade das partes, exatamente para manter, na esfera do titular, os citados bens jurídicos, na defesa de componentes indissociáveis de sua personalidade.

O vulto da proteção aparece com realce na temática da indenizabilidade do dano moral, ora sufragado constitucionalmente (art. 5º, inc. X) – e ora no texto do novo Código Civil (art. 186) – e que tem permitido, a par de inúmeras outras medidas de índole processual, cautelar ou principal, a compensação ao titular por lesões a bens de valor moral, ou intelectual, como temos versado em livros específicos (*Curso de direito autoral* e *Os direitos da personalidade*).

Na legislação sobre comunicações, incluindo-se rádio, televisão, jornais, publicidade, e outras, normas próprias têm também preservado os aspectos em debate, com sancionamentos aos infratores, nos campos civil, administrativo e penal.

Em todas essas áreas avulta anotar a preocupação com a defesa de caracteres essenciais da personalidade humana, em função da inelutável constatação de que o direito existe para o ser humano e como instrumento de realização de justiça, em cujas bases se encontram os princípios fundamentais da convivência: *honeste vivere; suum cuique tribuere* e *neminem laedere*.

Com efeito, os valores que se encerram na personalidade humana – como a vida, a saúde, a higidez psíquica, a liberdade, a honra, a intimidade, o respeito, o segredo e outros – constituem, como direitos inatos, bens jurídicos que sobrepairam aos demais e, quando possível, ao ingressar na circulação negocial, têm toda a respectiva gama obrigacional submetida ao domínio moral, exatamente para a sua preservação, ou para a resposta a eventuais atentados sofridos (em particular, a par de outros campos, na teoria da responsabilidade civil, como em questões referentes a uso de imagem alheia, de adaptação de obras intelectuais, de uso de voz, de uso de corpo e de outros desses valores, na circulação jurídica).

Destaquem-se, na textura do novo Código, a marcada influência do princípio da boa-fé na constituição de obrigação (art. 422), a aceitação e a regulação da teoria do enriquecimento ilícito (art. 884), a admissão de abuso de direito (art. 187), dentre outros.

Conclui-se, portanto, pela perfeita admissão de valores morais no contexto da obrigação, apuráveis em concreto, quando litigiosos, por meio de perícia e consoante parâmetros que a legislação, a doutrina ou a jurisprudência, conforme o caso, têm definido.

Capítulo IV

CLASSIFICAÇÃO DAS OBRIGAÇÕES

SUMÁRIO: 13. Critérios de classificação. 14. As principais classificações. 15. O sistema brasileiro.

13. Critérios de classificação

De diferentes modos podem as obrigações ser classificadas, existindo, pois, várias formulações na doutrina.

Em termos de ordenação legal, a técnica tradicional tem adotado a divisão tripartite pelo objeto, moldada no regime romano, depois de globalmente consideradas, na regulamentação, sob a divisão quanto à origem. Assim é que, de início, a exemplo da codificação francesa – que as toma pelo modo de constituição –, as obrigações são distribuídas em contratuais e não contratuais e depois, separadas, as primeiras, em obrigações de dar, de fazer e de não fazer a par de outras divisões, e submetida cada qual a regime próprio, em consonância com a respectiva natureza.

Com efeito, no regime romano prosperavam as três modalidades de obrigações: *dare*, *facere* e *praestare*, as quais compreendiam todas as ações suscetíveis de gerar obrigações no âmbito jurídico. Na primeira categoria, encontravam-se as condutas tendentes a entrega de coisa, ou de quantia, necessitando, para a transferência de propriedade, da tradição do bem. Na segunda, incluíam-se as ações correspondentes a fazer um trabalho, ou executar um serviço, não importando em transferência de direitos. Compreendia-se, em seu contexto, a obrigação de não fazer, ou de abster-se de certa ação. Na última, entendiam-se, em um modo geral, ações de dar e de fazer e, em um significado estrito, a de ser garante por um evento (no ilícito, para indenizar o dano).

As codificações seguiram rumos diversos quanto à abrangência geral das obrigações, mantendo, no entanto, a textura disciplinar interna, como destaque próprio conferido à de não fazer (a francesa dividiu as obrigações em contratuais e extracontratuais e a alemã não se preocupou com essa bipartição, regulando-as sob a mesma disciplina). Mas, quanto às distinções entre as obrigações pelo objeto, as de dar, de fazer e não fazer encontram-se reconhecidas, pelo seu conteúdo e por sua regulação, em praticamente todos os sistemas (por exemplo, de dar, entregar coisa ou dinheiro; de fazer, realizar um serviço; e de não fazer, não ferir exclusividade concedida a outrem).

Embora identificáveis pela respectiva contextura, há que se observar, no entanto, que às vezes essas noções aparecem mescladas, ou então integradas ao mesmo negócio jurídico. Assim, a obrigação de dar, que compreende ainda a de restituir, pode envolver uma de fazer, como na entrega de uma coisa (de dar), a obrigação de responder pelos vícios da coisa (de fazer); na de fazer alguma coisa (construir), por exemplo, pode envolver-se a de não fazer (como a tolerância a certas incursões do dono da obra); de outro lado, em um contrato de venda pode coexistir obrigação de transportar (entregar mediante via própria), e assim por diante.

Deve-se, no entanto, desde logo, dentro da separação entre obrigação e dever geral, mesmo jurídico, assinalar que a de não fazer não se confunde com o dever da coletividade de não praticar atos contrários aos direitos de outrem, no campo do direito das coisas. Com efeito, o dever de abstenção geral da coletividade, ínsito nos direitos reais (de propriedade, de posse etc.), é abstrato e participa da condição de *ius erga omnes* de que se revestem. A obrigação de não fazer, de caráter restrito às pessoas envolvidas no negócio, abarca apenas a ação expressamente prevista pelas partes.

O conhecimento de cada espécie e as diversas classificações servem para a solução de inúmeras questões que surgem na prática, em especial quanto aos efeitos respectivos na órbita civil e ao meio processual adequado para a sua cobrança em juízo: assim, neste último plano, por exemplo, as obrigações de fazer não comportam, quando não se disponha o devedor, execução em espécie, convertendo-se em perdas e danos; nas obrigações de dar, ao reverso, é possível ação para a obtenção da coisa (coisa certa), nas condições previstas no ordenamento jurídico. Vigora, quanto às primeiras, a regra *nemo potest precise cogi ad factum*, enquanto, para as outras, é possível a execução forçada para obter-se a prestação nos termos em que foi assumida.

Outros critérios podem, além do da perspectiva objetiva – e mesmo sob esse aspecto –, ser utilizados para a classificação das obrigações, como os quanto à natureza, ao modo de constituição, ao fim, à origem, aos titulares etc. Nesse sentido, tem a doutrina oferecido as mais diferentes divisões, de que analisaremos as mais comuns e as de maior relevo, em função de seus efeitos.

14. As principais classificações

Assim, quanto à origem, as obrigações podem ser voluntárias (resultantes de ação volitiva) ou normativas, ou legais (oriundas do ordenamento jurídico), variando o respectivo regime em função da espécie (a saber, as obrigações de dar, fazer, não fazer, de um lado, e as de indenizar por ilícito, a por abuso de direito, a de enriquecimento ilícito etc., de outro).

Quanto à tutelabilidade, as obrigações podem ser civis ou naturais, as primeiras amplamente protegidas no ordenamento jurídico, por meio de ações próprias, verificáveis em cada situação, e as segundas, insuscetíveis de cobrança judicial, eis que despidas do direito de ação. As obrigações civis são as obrigações em geral, exeqüíveis na forma ajustada, ou em juízo, quando não cumpridas, pelos meios competentes. As naturais são as despidas de força de cobrança judicial, concretizando-se, pois, apenas espontaneamente pelo devedor e comportando somente a *soluti retentio*.

A respeito da natureza, as obrigações são divididas em pessoais, quando consubstanciadas em prestação da própria pessoa, ou de terceiro, quando possível, e personalíssimas, as exeqüíveis apenas pelo devedor, diante de conotações próprias ou de habilidades especiais, e materiais, as que se cingem à entrega de coisa (ou seja, que se referem a objeto material). A classificação assume relevo em razão da executoriedade: as pessoais comportam, salvo ajuste em contrário, cumprimento pelo devedor ou por terceiro; as personalíssimas, apenas pelo obrigado (como as de realização de obras de literatura, pintura, arquitetura etc.). As materiais são indiferentes em relação à pessoa que as deve realizar.

Quanto ao sujeito, obrigações ativas são os créditos (ou seja, quando analisadas sob o aspecto do credor, representam os direitos a realizar), e obrigações passivas, os deveres jurídicos propriamente ditos (ou seja, as prestações a realizar).

Quanto ao sujeito, ainda, distribuem-se as obrigações em únicas, as em que existem um só credor e um só devedor, e múltiplas, as compostas por vários credores ou vários devedores. Subdividem-se estas em conjuntas ou cumulativas, quando cada titular faz jus à sua parte (ou sua cota) ou por ela responde, e solidárias, aquelas em que cada um tem direito ou suporta a totalidade da prestação, escolhendo-se, pois, um para solver, garantido o regresso contra os demais (ou um exerce o direito, assegurada a reversão aos demais). Assim, nas primeiras, cada um exerce isoladamente o direito, ou assume o ônus e, nas segundas, todos têm direito sobre o conjunto, ou por ele arcam, suportando a incidência (há, pois, coincidência apenas quanto à pluralidade de sujeitos).

Outra classificação, nesse nível, é a de obrigações divisíveis e indivisíveis, quando suscetíveis, ou não, de cumprimento por partes (por exemplo, quando passível, ou não, de execução parcelada, como no pagamento em prestações), consubstanciando-se as últimas em prestações únicas e globais (como a entrega de coisa única e concreta pelo obrigado).

Quanto ao objeto, outra divisão cabível é a de obrigações simples e conjuntas e seus desdobramentos. São simples aquelas cujas prestações se cingem a um só ato, ou a uma só coisa; conjuntas ou cumulativas quando compreendem vários objetos e todos devem ser realizados. As últimas subdividem-se em instantâneas e periódicas: instantâneas ou transeuntes são as que se esgotam em uma só ação ou um só fato, e periódicas as que devem ser cumpridas continuadamente, ou mediante trato sucessivo (em prestações, ou em ações continuadas, como no pagamento de valor em financiamento, ou de aluguel em uso de coisa alheia). Além disso, nesse campo, há que se cogitar das obrigações alternativas, ou disjuntivas, a saber, aquelas em que há diversidade de prestações, mas a somente uma se obriga o devedor (ou seja, existe unicidade de obrigação no momento em que se concretiza a prestação). De apontar-se, a par da questão da prescrição – que atinge as prestações –, a possibilidade de aplicação da teoria da imprevisão, nas obrigações de trato sucessivo, sempre que fatores exógenos, imprevisíveis à época da contratação, desequilibrarem as respectivas posições (com isso, poderá o juiz determinar, através de revisão judicial do ajuste, novas condições para o cumprimento, como, por exemplo, a correção do preço, ou o seu parcelamento).

Há, ainda, obrigações ditas facultativas, ou seja, ajustes em que a prestação é determinada, mas admite-se substituição por outra diferente, prevista no contrato ou decorrente da lei (assim, uma cláusula contratual que, a critério do devedor, permita a substituição, por exemplo, da obrigação de fazer em dar, e, no âmbito legal, a obrigação de indenizar do dono de coisa achada pode ser elidida pelo abandono, por este, da *res*).

A par disso, no plano do objeto, tomado em sua essencialidade, encontram-se as obrigações de meio e de resultado. Obrigações de meio são aquelas em que importa o comportamento; vale dizer, a ação é instrumento para alcançar o fim, mas na de resultado, ao revés, não basta a ação, mas, com ela, a realização do fim (fim útil para o credor, como na cirurgia estética, e no transporte, em que a pessoa deve ser conduzida, em sua plenitude física, ao local desejado). Admitem-se também obrigações de garantia, ou seja, destinadas a assegurar outra anterior (como, por exemplo, a de seguro). Ora, em função da diferença entre as de meio e de resultado, nas primeiras, a pessoa deve agir com diligência para atingir o objetivo visado pela outra; na de resultado, atuar para obter o fim previsto; daí, em uma cumpre perquirir-se o elemento subjetivo no caso de inadimplemento, bastando, na outra, a constatação material de que não se atingiu o resultado, para o sancionamento do devedor.

Com relação ao modo de ser, as obrigações distribuem-se em puras e simples, quando inexiste restrição para o cumprimento, e condicionadas, as em que o cumprimento fica sujeito a evento futuro e incerto (condição), a modo (ou encargo, como na doação), ou termo (ou data), para o implemento. Dividem-se, ainda, em líquidas, quando definidos o objeto e o valor, ou seja, quando presentes e completos todos os elementos integrantes, e ilíquidas, quando a determinação fica sujeita a procedimento posterior (acordo, critério legal ou definição judicial). Outra classificação considera as obrigações como concretas, quando contida sua eficácia no documento de que se originaram (como em um contrato) e abstratas, as que independem da causa, valendo por si (como as previstas nos títulos de crédito, que se desprendem do negócio que lhes deu origem). O relevo das distinções está relacionado a particularidades dos respectivos regimes jurídicos (assim, por exemplo, quanto à caracterização da mora do devedor).

As obrigações podem, outrossim, ser distribuídas, quando reciprocamente consideradas, em principais: as que têm vida autônoma, independentemente de outra, e acessórias: as que dependem de outra, ou seja, as que existem em função de outra (como a de fiança em relação à locação, a de seguro quanto a transporte etc.). Comportam, ainda, outra divisão, em primitivas e secundárias; primitivas, as contraídas originariamente, e secundárias, as assumidas para substituir outras (como a de composição de perdas e danos, contraída para substituir qualquer outra, de dar, fazer ou não fazer).

Quanto à ação, dividem-se as obrigações em positivas (dar e fazer): aquelas que se consubstanciam em atos comissivos (prestação de coisa, como a entrega, ou a devolução de um bem, ou prestação de fato, como a realização de um serviço), e negativas (não fazer): as consistentes em abstenção (como a da cláusula de exclusividade, ou seja, de não prestar serviço a outrem enquanto vinculado ao credor).

Releva realçar, nesse passo, a importância da distinção, que reside nas diferenças existentes entre as obrigações de prestar coisa (como a entrega de dinheiro), ou fato (atividade pessoal), diante, principalmente, dos limites ao poder do credor quanto à exigência da obrigação e da possibilidade, ou não, de cumprimento por terceiro (assim, nas primeiras, o credor pode exigir o bem, admitindo-se inclusive que a prestação seja realizada por terceiro; nas segundas, ao reverso, ante o aspecto pessoal, opondo-se o devedor à execução, transmuda-se ela em perdas e danos, não podendo, pois, ser coativamente jungido o devedor à prestação específica; ou, por outras palavras, não comporta execução específica; outrossim, não se aceita, senão quanto a serviços em que se não exija a qualificação pessoal, a inserção de terceiro para o cumprimento da obrigação, aliás, ponto central da distinção, já referida, entre obrigações pessoais e personalíssimas).

Registre-se, outrossim, a existência de obrigações ínsitas em títulos de crédito (ou obrigações cambiárias), que, dotadas de autonomia e inscritas em cártulas formais, constituem obrigações líquidas e certas, que circulam de modo independente e submetidas a regime jurídico próprio, com institutos peculiares e cobrança mediante execução, à luz da legislação especial que as rege (como a do cheque, da duplicata, do conhecimento de depósito, do conhecimento de transporte etc., que compõem matéria do direito comercial).

Destaquem-se, por fim, as obrigações inseridas nas denominadas cláusulas penais, onde se prevêem sancionamentos convencionais (normalmente, o pagamento de multa) para o descumprimento da avença, estando tal matéria ora encartada na parte referente à teoria do inadimplemento (arts. 408 e segs.).

15. O sistema brasileiro

O sistema brasileiro filiou-se ao regime romano, classificando as obrigações segundo o objeto, mas substituindo a de prestar pela de não fazer, em face da ambigüidade da figura. Na divisão aceita – que se espraia pelas obrigações de dar coisa certa e coisa incerta; fazer e não fazer, ao lado de outras modalidades de obrigações: alternativas; divisíveis e indivisíveis, solidárias ativas e passivas – levam-se em conta a prestação, ou seja, a ação do obrigado, e o respectivo conteúdo, ou seja, a coisa em si.

Com efeito, versando a matéria obrigacional, em que acolhe a divisão pelas fontes e trata separadamente das provenientes de atos ilícitos, a nossa codificação disciplina, inicialmente (arts. 233 e segs.), as obrigações de dar, fazer e não fazer; depois, as alternativas (aquelas em que existe pluralidade de prestações, exonerando-se o devedor pela satisfação de apenas uma): em seguida, as divisíveis e as indivisíveis (aquelas com vários titulares, cujas prestações podem, ou não, ser cumpridas parcialmente) e, por fim, as solidárias (aquelas em que existem vários titulares, ativos ou passivos, mas a prestação é devida pelo respectivo conjunto, ou *in solidum*: nessa modalidade, o *solvens* fica com direito de regresso quanto aos demais, respondendo a final, até o limite de sua participação).

As obrigações por atos ilícitos são tratadas, no novo Código, no Título IX (arts. 927 e segs.).

Com o novo Código, o direito civil e o direito comercial passaram a repousar sobre a mesma base no plano obrigacional – eis que, ontologicamente, nesse passo, em nada diferem –, recebendo, outrossim, os títulos de crédito regulamentação de caráter geral em seu contexto e ordenando-se a matéria negocial à luz do conceito básico de empresa (ou seja, de organização dos fatores de produção para consecução de bens ou de serviços para a coletividade).

Dessa forma, na nova codificação, tem-se a distribuição das obrigações em: advindas de acordos de vontade (arts. 233 e segs.) ou de atos unilaterais (arts. 854 e segs.), compreendidos entre estes os institutos da gestão de negócios, do pagamento indevido, do enriquecimento ilícito e da promessa de recompensa, e, por fim, os títulos de crédito (arts. 887 e segs.) e a obrigação resultante de ilícito (ou obrigação de indenizar) (arts. 927 e segs.).

Anote-se, outrossim, que, no direito legislado, cada uma das modalidades de obrigações mencionadas se sujeita a regulamentação própria, permanecendo as demais sob a ação dos princípios e das regras aplicáveis às espécies correspondentes (como as de meio e as de resultado, as naturais, as instantâneas e as sucessivas etc.).

Finalizando, deve-se registrar que, no descumprimento da obrigação, o estatuto processual civil prevê mecanismos próprios para a sua exigibilidade em juízo, com processos de conhecimento, cautelar ou executório, conforme a natureza da obrigação (arts. 270 e segs.; 566 e segs. e 796 e segs.), destacando-se, no último, as modalidades de execução para entrega de coisa (arts. 621 e segs.), certa ou incerta, para as obrigações de fazer e de não fazer (arts. 632 e segs.) e para recebimento de quantia certa (arts. 646 e segs.) e distinguindo-se a contra devedor solvente da contra devedor insolvente.

Capítulo V

AS OBRIGAÇÕES NATURAIS

SUMÁRIO: 16. *Conceituação.* 17. *Distinção das obrigações civis.* 18. *Regulamentação legal.*

16. Conceituação

Como vínculos jurídicos que unem as partes em torno de prestações, as obrigações geram créditos para os sujeitos ativos, exigíveis judicialmente através das ações cabíveis, em razão dos direitos envolvidos e dos interesses dos titulares.

Constituindo também direitos subjetivos, as ações permitem aos interessados a obtenção em juízo, compulsoriamente, das prestações a que fazem jus ou de sucedâneos previstos no ordenamento jurídico. Com isso, não satisfeitas as obrigações nas condições ajustadas, aos lesados compete a movimentação do aparato judiciário a fim de fazer valer seus direitos, constrangendo, por atos dos juízes, os devedores.

Mas, desde os tempos primeiros do direito, cogitou-se, na teoria jurídica, de obrigações despidas de ações, distinguindo-as das civis, e que receberam o nome de obrigações naturais, em cuja discussão se põe em crise a questão da intensidade do vínculo. Com efeito, não providas de ações, subsistem certas situações que produzem conseqüências na dimensão jurídica, como, por exemplo, as referentes a dívidas prescritas, a dívidas de jogo ou de aposta e a juros não contratados.

Muito se debateu a respeito de sua natureza na doutrina, ao longo dos tempos, questionando-se não só a sua essência – se relação jurídica ou natural –, como também o seu posicionamento no plano ético, divisando-se várias teorias a propósito, como as do dever moral; do estado de fato; do direito natural; do direito positivo. Pensou-se até em sua inclusão entre as obrigações perfeitas, ao lado das civis, para separá-las das obrigações imperfeitas, ou metajurídicas.

A evolução operada na doutrina científica, com a nítida compreensão do relacionamento entre débito e responsabilidade, permitiu chegar à noção de que essas obrigações se inserem no mundo jurídico e se consubstanciam em dívidas sem responsabilidade, ou seja, insuscetíveis de exigir-se em juízo, embora legitimamente recepcionáveis, pelo credor, quando saldadas, de modo espontâneo, pelo devedor.

São, em verdade, deveres morais ou sociais, ou outros a que a lei não concede ação, excluindo, no entanto, a repetição, quando pagas espontaneamente – na fórmula do Código Civil italiano –, oriundos de negócios nulos por defeito de forma, ou de obrigações de que o devedor, por erro judicial, ou por ausência de prova, se viu desvinculado em juízo, ao lado das figuras mais comuns das dívidas de jogo, das prescritas e das não convencionadas. Entendem-se, pois, como deveres providos de conteúdo patrimonial, não suscetíveis de exigência judicial, mas de legítimo ingresso no patrimônio do credor quando saldados (como os deveres de remunerar serviços inestimáveis; o de dar gorjetas; o de solver indenização não cobrável judicialmente etc.).

Anote-se, por fim, que o qualificativo de obrigação alcança tanto aquela que de origem assim se manifesta (decorrente de ato nulo) como aquela que a essa condição foi relegada ante a perda do direito de ação (obrigação civil prescrita).

17. Distinção das obrigações civis

As obrigações naturais constituem espécie própria no mundo jurídico, distanciando-se das civis, de sorte que a regime singular se submetem, enquanto as últimas se sujeitam à regulamentação normal.

Civis são as obrigações que se integram de todos os seus elementos – sujeitos, prestação e vínculo –, possibilitando a quem detenha o direito de exigir (o crédito) a pleitear judicialmente (poder de garantia) o recebimento, se não lhe for satisfeito o interesse.

Naturais são as obrigações sem sanção, ou sem garantia, ou imperfeitas. Vale dizer: representam créditos, mas despidos de percepção compulsória, ou, ainda, dever de prestar, sem possibilidade de cobrança judicial.

As obrigações naturais separam-se das civis, de início, quanto à exigibilidade. Despidas de ação, ao credor fica vedado o acesso ao Judiciário, não cabendo ao devedor a prestação. Mas se o devedor efetuar o pagamento espontaneamente, realiza ação que produz efeito no mundo jurídico, impedindo-se-lhe a posterior repetição (ou recuperação) do valor. Vale dizer: ao saldar obrigação natural, o devedor não faz liberalidade, eis que lhe falece o *animus* próprio (*animus donandi*, típico da doação). Com isso, entende-se que o credor dispõe de título jurídico para o recebimento, eis que a dívida existe, embora incobrável (como, por exemplo, em dívida de jogo, ou em dívida a respeito da qual o titular perdeu o prazo para a ação competente, ou seja, dívida prescrita). Goza, assim, o credor da *soluti retentio*.

Desse modo, repelida será liminarmente a pretensão do credor sempre que intentar ação judicial, defendendo-se o devedor por via de exceção, ou outra cabível, conforme as circunstâncias. Mas, se se dispuser o devedor a honrar o compromisso, não poderá depois vir a reclamar em juízo a devolução, que poderá ser repelida pelo credor (também por exceção, ou outra via própria que eleger).

Divergem das civis, ademais, quanto a seus efeitos, que podem, praticamente, ser reduzidos ao da irretratabilidade do pagamento espontâneo, diante da inibição da repetição. Os demais efeitos apontados na doutrina, em especial quanto à possibilidade de novação (substituição por outra, civil), ou de comportar obrigação acessória de garantia (como a fiança), não são ora reconhecidos, uma vez que, não havendo obrigação propriamente dita, não encontram explicação plausível (em verdade, pode-se contrair obrigação autônoma, mas não substituir, ou garantir, a natural).

18. Regulamentação legal

A disciplina dessas obrigações, que não são previstas em todas as codificações, recebendo, de regra, simples menções (como em nosso Código, arts. 882, 564, inc. III, e 814), obedece ao princípio geral de que se situam no plano da moral, e a reafirmar a sua influência no direito obrigacional, mas com efeitos no âmbito jurídico (por vínculo de eqüidade).

Reconhece-se, depois, que não comportam a restituição nas hipóteses de espontânea satisfação pelo devedor e, exatamente quanto a dívidas de jogo e a dívidas prescritas, é que a jurisprudência se tem pronunciado, reconhecendo a sua existência e indeferindo repetições requeridas.

Em nosso Código, veda-se a repetição do indébito com referência a pagamento feito para cumprir obrigação judicialmente inexigível ou solver dívida prescrita (art. 882). Além disso, não se possibilita a revogação de doação por ingratidão, quando efetivada em cumprimento de obrigação natural (art. 564, inc. III). Preceitua o Código que as dívidas de jogo ou aposta não obrigam o pagamento, salientando, outrossim, que não se pode recobrar a quantia voluntariamente paga (salvo se for ganha por dolo, ou se o perdente é menor ou interdito: art. 814).

Aponte-se, em conclusão, que, em consonância com o regime codificado, deflui como efeito básico dessas obrigações o da irretratabilidade do pagamento voluntário, que se reforça ante a vedação de envolvimentos contratuais quanto a reconhecimento, a novação, a fiança, a empréstimo, que o estatuto codificado repele às de causa ilícita (ou dívida de jogo: arts. 814 e 543).

Com isso, as obrigações naturais, porque produzem efeitos no mundo jurídico, descritos em lei, incluem-se em sua órbita, gozando, no entanto, de posição peculiar no mundo negocial que a inexistência de ação lhes confere.

Capítulo VI

AS OBRIGAÇÕES *PROPTER REM*

SUMÁRIO: 19. *Conceituação.* 20. *Estruturação jurídica.*

19. Conceituação

Certas obrigações nascem em função de direitos reais (direitos sobre coisas, em relação direta entre o titular e a *res*), impondo ao titular a satisfação de prestação a favor de outrem. Conexa a coisa ao débito, surgem deveres de prestar para o titular de direito real (como a posse, ou a propriedade), sem que haja concorrido com manifestação de vontade própria, liberando-se, a final, do vínculo com a renúncia do respectivo direito. São as obrigações *propter rem.*

Essas obrigações surgem *ex vi legis*, atreladas a direitos reais – como sectárias, pois –, mas com eles não se confundem, em sua estruturação, distanciando-se também das obrigações comuns. De fato, enquanto os direitos reais representam *ius in re* (direito sobre a coisa, ou na coisa), essas obrigações são concebidas como *ius ad rem* (direitos por causa da coisa, ou advindos da coisa), categoria que os glosadores inseriram à época medieval – desde que se considera que os romanos não a identificaram – entre ambos (ou seja, entre os direitos reais e os obrigacionais propriamente ditos). Corolários dos direitos reais são os deveres impostos à sociedade de respeito e de não-turbação, negando-se, pois, a qualquer de seus membros, a possibilidade de deles aproveitar-se sem expressa autorização do titular. Existem independentemente de qualquer obrigação, concretizando-se no poder que o titular tem sobre a coisa. Os direitos obrigacionais, por sua vez, consubstanciam vínculos pessoais entre os sujeitos em torno de uma prestação, seja em razão de manifestação de vontade, seja em decorrência de lei, ficando o credor diretamente autorizado a agir para a obtenção de seus interesses.

Nas obrigações *propter rem*, por sua vez, decorre o vínculo da lei em função de direitos reais, facultando-se a uma pessoa exigir do titular certa prestação, o qual se safa, no entanto, ao despir-se do direito, como nas hipóteses de construção e de conservação de marcos divisórios e de tapumes divisórios, em que se impõe aos proprietários a colaboração para a sua edificação ou manutenção; de divisão da coisa comum, em que cada condômino deve colaborar para as despesas de conservação ou de divisão; de pagamento da dívida na hipoteca pelo adquirente do bem, para sua liberação etc.

Observa-se, assim, que o vínculo incide sobre o bem, onerando o seu titular, e não diretamente sobre a pessoa, que se libera do ônus ao renunciar ou desfazer-se de seus direitos. Assim, por exemplo, vendido o prédio confinante, a obrigação passa para o adquirente; doada a coisa indivisa, aos novos titulares se transfere a obrigação de conservação; abandonada a coisa sobre a qual incidia a obrigação, livre do dever queda o antigo titular.

Incide essa obrigação, a que contraditoriamente se nomeia também de real, sobre relações de confronto entre titulares de direitos sobre coisas, servindo a teoria para resolver eventuais dificuldades surgidas em sua convivência (basicamente, questões de vizinhança, ou de condomínio) e também para permitir melhor utilização, pelo titular, de seus direitos reais.

São obrigações de fazer, que não se confundem, ademais, com as servidões (direitos reais de não-edificação de passagem, de aqueduto, e outros, que se impõem a outros proprietários, ou titulares de iguais direitos). Com efeito, as obrigações *propter rem* são de caráter pessoal, mas unidas à coisa, seguindo as mudanças de titulares (pois a obrigação desse nível *ambulat cum domino*). Transmitem-se a título particular e permitem ao sujeito ativo exigir do vizinho a prestação (assim, a ação para recebimento da parte referente à divisória, ou para haver do condômino a sua contribuição para as despesas de condomínio etc.). Nas servidões (direitos sobre coisas alheias), o titular pode obter o uso de bem alheio, ou servir-se desse bem (como para passagem, para escoamento de águas etc.). Assim, decorrentes de direito real e com ele transmissíveis, as obrigações em questão adquirem autonomia própria, impondo, aos possuidores, a realização de prestação, que, no fundo, não se identifica com as obrigações comuns e nem com os direitos reais, configurando, pois, espécie distinta e híbrida.

20. Estruturação jurídica

A estruturação jurídica da espécie obedece às seguintes características: relacionamento a um direito real, como acessório; vinculação a coisa; possibilidade de liberação mediante renúncia do direito.

As codificações (como a nossa) não têm isolado a categoria, mas encontram-se previstas, em seu contexto, diferentes situações em que se identificam, em particular: no direito de vizinhança, na regulamentação do condomínio, no âmbito do usufruto, enfim, no direito das coisas (ou reais).

Em consonância com a doutrina – que desenvolveu a sua textura –, as obrigações *propter rem* se vinculam a direito real; encontram-se descritas em lei, mas decorrem da *res,* que acompanham, transmitindo-se aos sucessivos titulares, ou mesmo possuidores; permitem a exoneração da obrigação por via da renúncia do direito, não decorrendo daí qualquer responsabilidade para o titular; possibilitam a sucessão a título singular, assumindo, pois, o legatário a obrigação, mesmo dela não tendo ciência.

Essas obrigações estão ligadas sempre a posições jurídicas conflitantes, ou suscetíveis de gerar conflitos, tendo merecido a previsão legal exatamente no sentido de possibilitar-se a harmonia entre as partes, objetivo específico do direito. A qualidade de devedor da obrigação deriva da lei que, para assegurar a tranqüilidade no relacionamento dos interessados (de prédios confinantes, de condôminos, de proprietário e usufrutuário, de vizinhos etc.), impõe o dever inerentemente à sua situação jurídica e em função da coisa (proprietário, possuidor).

Constituem importante fator de equilíbrio nas relações entre pessoas detentoras de direitos rivais, conciliando, ademais, as situações dos diferentes titulares à medida que ocorram modificações subjetivas nos direitos básicos (venda, doação, sucessão por morte etc.).

Capítulo VII

AS OBRIGAÇÕES DE DAR

SUMÁRIO: 21. *Noção e espécies.* 22. *A obrigação de dar coisa certa.* 23. *A obrigação de restituir.* 24. *A obrigação de dar coisa incerta.* 25. *A obrigação pecuniária.*

21. Noção e espécies

Voltando ao plano propriamente obrigacional, temos a assinalar que, no relacionamento negocial entre particulares, a detecção de diferentes figuras contratuais (compra e venda, troca, doação, locação, depósito, empréstimo, comodato etc.) sempre serviu a inúmeros interesses que esses mecanismos de circulação de bens e de riquezas possibilitam atingir. Mas, embora de constituição e de essencialidade próprias, acabam reduzindo-se, em seu contexto, a algumas ações básicas, a saber: as de dar, de fazer e de não fazer (assim, por exemplo, no contrato de compra e venda, o vendedor deve entregar a coisa e o comprador saldar o preço, envolvendo-se, pois, em seu núcleo, duas ações de dar; também na troca, essa e a textura obrigacional, cabendo a cada um entregar a coisa combinada; já na locação, cumpre ao locador entregar a coisa e garantir o uso pacífico ao locatário, mesclando-se ações de dar e de não fazer, dentre outras tantas situações).

Essas ações podem, pois, combinar-se, no mesmo, ou em diferentes ajustes, e encontram-se presentes também em atos unilaterais e em outras fontes de obrigações, formando o extenso elenco normativo dos Códigos (como, ainda, na venda, a obrigação de responder pelos vícios; na empreitada, as obrigações de realizar a obra, mediante operações de fazer e de entregar etc.). Daí, a regulamentação própria que recebem nos Códigos e, entre nós, sob a epígrafe de "modalidades das obrigações".

Diferentes conseqüências jurídicas defluem dessas situações: assim, na obrigação de dar propriamente dita (ou de entregar) e na de restituir, as posições das partes assumem qualificações e conotações próprias; na de dar coisa certa e na de dar coisa incerta, a natureza do bem é que impõe a distinção, gerando-se, por conseguinte, em cada qual, regimes jurídicos distintos, que as codificações estratificaram em certas normas básicas (como o nosso Código: arts. 233 e segs.).

Traçam-se então regras próprias para as obrigações de dar, tanto para coisa certa, como incerta, e para as de restituir, definindo-se as questões dos riscos, dos acessórios e das perdas havidas. Essas normas levam em conta que, nas obrigações de dar, o credor da coisa (o comprador, por exemplo) ainda não é o proprietário do bem, mas sim adquirente (na compra e venda), enquanto nas de restituir (como no depósito, ou no comodato), ao revés, é o titular do bem. De outro lado, atentam para o fato da individualidade da *res* as disposições referentes às obrigações de dar coisa certa ou incerta (nas primeiras, a coisa é especificada, ou determinada, enquanto nas segundas é indicada apenas pelo gênero).

Cumpre referir-se, outrossim, à identificação entre as ações de dar e de entregar, configurando, aliás, aquela, no fundo, ação de entregar, que aparece mencionada como tal, direta, ou indiretamente, em certos pontos (como na entrega da obra no contrato de edição; na da coisa no usufruto; no adiantamento de despesas no mandato).

Também a obrigação de contribuir, prevista em algumas disposições codificadas, insere-se perfeitamente no contexto das de dar, sujeitando-se às mesmas regras (como as do condômino de contribuir para a conservação de coisa comum).

Na combinação das ações básicas referidas surgem as denominadas obrigações complexas, que compõem as diferentes figuras contratuais possíveis no relacionamento privado (além dos exemplos mencionados, no mandato várias ações de dar, de fazer e de não fazer podem estar presentes, como quando o mandatário, a par dos serviços, tenha de efetuar pagamentos, abster-se de práticas vedadas pelo mandante etc.).

Registre-se, por fim, quanto à exigibilidade em juízo, que o estatuto processual estabelece normas próprias para as execuções de entrega de coisa, certa e incerta (arts. 621 e segs.), e recebimento de quantia certa (arts. 646 e segs.), esta pressupondo a liquidez e a certeza do débito.

22. A obrigação de dar coisa certa

A obrigação de dar coisa certa é a que consiste na entrega de bem individualizado (determinado quadro, ou jóia, ou tapete etc.) e visado pelo credor. Nessa modalidade, compete ao devedor, nas condições convencionadas, fornecer ao credor o bem especificado, que pode ser coisa móvel ou imóvel. A essência da obrigação reside na qualificação da *res* (coisa perfeitamente identificada), diante do interesse do credor, realizando-se, pois, a prestação apenas com a sua entrega (ou tradição).

A existência da obrigação de dar confere ao credor o direito de exigir o seu cumprimento, mesmo se negado pelo devedor (CPC, arts. 625 e segs.); transmuda-se aquela em perdas e danos, no entanto, quando impossível a execução (como no perecimento da coisa) ou isso envolver constrangimento físico do devedor (que não se aceita em nosso sistema).

A tradição da coisa pode transferir o domínio ao credor (como na venda de coisa móvel), ou outro direito (como, por exemplo, a posse, na venda de imóvel, pois, em nosso regime, a propriedade imobiliária somente se obtém mediante transcrição do título no Registro de Imóveis), e isso sempre em função da natureza da avença (assim, por exemplo, na obrigação de entregar o bem para uso de outrem, há transferência de posse, por desdobramento, para o locatário, ficando o locador com a posse indireta; na obrigação de entregar o material na empreitada, existe integração deste ao patrimônio do dono da obra etc.).

O regime jurídico dessa modalidade concentra-se em algumas regras básicas relativas à obrigação de dar propriamente dita e outras referentes à de restituir, que discutiremos separadamente.

Com respeito à obrigação de dar coisa certa, deve-se anotar, de início, que o credor não pode ser obrigado a receber outra, mesmo mais valiosa (CC, art. 313). Isso significa que não é possível a substituição, pelo devedor, da coisa prometida, que importaria em alterar o objeto da prestação, a menos que haja concordância expressa do interessado, como ocorre na dação em pagamento (mas que representa ação *in solutio* e, não, *in obligatione*). O princípio encontra-se na máxima latina *nemo aliud pro alio invito creditore solvere potest*: com efeito, destinando-se a satisfazer o interesse do credor, a prestação não pode sofrer alteração, nem mesmo cumprimento por partes, pois somente a entrega da *res* visada libera o devedor do ônus assumido. Importam, assim, em descumprimento tanto a não-entrega da coisa como a oferta de coisa diversa, como a entrega do valor correspondente, ou outro expediente diverso do ajustado.

Na entrega, a coisa deve ser acompanhada dos acessórios, mesmo não mencionados, salvo se o contrário resultar do título, ou das circunstâncias do caso (art. 233). Assim, em consonância com o princípio inscrito na Parte Geral do Código (art. 92), o acessório segue o principal (assim, as árvores, as plantas e os frutos são compreendidos na entrega do terreno), salvo quando dotado de autonomia (como no caso dos móveis e dos objetos que ornamentam uma casa, que não integram, pois, o imóvel). Podem, ainda, as partes convencionar, por expresso, a exclusão dos acessórios (como nas cláusulas contratuais que apartam da venda de um imóvel os frutos existentes, ou a linha telefônica na cessão de crédito, a exclusão de garantia, ou de rendimentos do principal etc.).

Em consonância com o sentido da obrigação de dar, ao devedor compete conservar a coisa até a tradição, empregando o zelo e as diligências próprias do titular do bem e defendendo-a de eventuais ações de terceiro. Mas, caso ocorra perda, diferentes soluções encontram-se na lei, à luz da apreciação da conduta do devedor: se com culpa, ou sem culpa, se deu o perecimento (art. 234). Assim, não havendo culpa, resolve-se a obrigação, se a coisa se perde antes da entrega, ou quando pendente condição suspensiva (art. 234) (como nos casos de perda da essência, de confusão com outra coisa, de não-ocorrência da condição estipulada para o implemento da obrigação). A regra relaciona-se ao princípio de que *res perit domino,* ou seja, como o devedor alienante ainda é o proprietário do bem (art. 492), sofre as conseqüências de seu desaparecimento, ou da pendência da condição (art. 125), pois, inexistindo direito adquirido, o risco da coisa é suportado pelo titular (com isso, ao revés, entregue o bem, os riscos passam ao comprador, desde o momento, aliás, em que legitimamente posto à sua disposição e que, portanto, esteja em mora de receber, dentro da máxima *mora perpetuat obligationem*). Outrossim, havendo culpa do devedor na perda – ou seja, se laborou com dolo, ou com negligência, imprudência, ou imperícia na conservação –, fica ele responsável pelo equivalente, mais as perdas e danos (art. 234). Em consonância com a regra da obrigação de reparar (art. 927 ou 389, conforme decorra de ilícito extracontratual ou contratual), além do valor do bem à ocasião, o devedor arca com a perda sofrida pelo credor pela não-recepção da coisa e os lucros que disso deixou de auferir (art. 402).

Se, ao invés de perda, ocorrer a deterioração da coisa, também em função da análise da subjetividade do agente se manifesta o regramento existente: assim, se se ocasionar sem culpa do devedor, abre-se ao credor opção de resolver a obrigação, ou aceitar a coisa, abatido de seu preço o valor que perdeu (art. 235). Com efeito, reduzindo-se, com a danificação, o valor econômico do bem e, com isso, desfeito o equilíbrio na relação jurídica, ao credor compete verificar se, no estado correspondente, ainda lhe interessa, ou não, a coisa, para dela desvincular-se, ou então para aceitar a entrega, com a redução do valor, entendendo-se cabível essa orientação também quanto à impossibilidade parcial na entrega. Mas, no caso de culpa do devedor, ao credor compete optar entre exigir o equivalente ou aceitar a coisa na situação em que se encontre, podendo, ademais, reclamar indenização por danos e perdas (art. 236), em qualquer das hipóteses.

Outrossim, havendo aumento no valor da coisa, como os decorrentes de acréscimos ou melhoramentos (denominados cômodos), pode o devedor exigir aumento do preço como compensação pelos riscos que suporta até a tradição (arts. 1.267 e 237) (*commodum eius essa debet, cuius et periculum*). Nessa hipótese, se o credor não anuir, poderá o devedor resolver a obrigação, compreendendo-se na idéia de cômodos os desdobramentos (como os filhotes de animal certo prometido). Os frutos percebidos também pertencem ao devedor, ficando com o credor os pendentes (como os unidos às árvores).

No descumprimento da obrigação, ao credor cabe a ação para execução, que, sendo certa a coisa, permite a sua obtenção compulsória (CPC, arts. 621 e segs.).

23. A obrigação de restituir

Como subespécie da obrigação de dar encontra-se a de restituir, que se caracteriza pela existência de coisa alheia em poder do devedor, a quem cumpre devolvê-la ao titular. Desse modo, a obrigação de restituir consiste na necessidade de devolução de algo que, a título contratual, se encontra legitimamente em poder do devedor (assim, por exemplo, a do comodatário, a do depositário, a do locatário que, nos prazos ajustados, devem restituir ao proprietário a coisa que está em seu poder, por força do vínculo contratual respectivo).

Distingue-se a obrigação de restituir da de dar propriamente dita, em face da prévia existência, na primeira, de relação entre as partes (por exemplo, contrato de depósito, de comodato), de sorte que a coisa se acha com o devedor para seu uso, mas pertence ao credor (direito real); na de dar, o vínculo que se estabelece com o relacionamento encontra a coisa em poder do proprietário (por exemplo, o vendedor), que dela se quer desfazer, ou apenas ver colocada na circulação jurídica.

Daí as diferenças na regulamentação legal dessas obrigações, cumprindo anotar-se que, em várias figuras contratuais, e, mesmo em situações decorrentes da lei, são identificadas as de restituir (como a de devolução de sinal dado para assegurar-se um negócio; a de coisa achada; a de coisa depositada; a de coisa emprestada etc.).

A mudança de perspectiva assinalada faz com que, na disciplina da obrigação de restituir coisa certa (art. 238), a perda havida antes da tradição, desde que sem culpa do devedor, seja suportada pelo credor, resolvendo-se a obrigação, ressalvados, no entanto, seus direitos até a data daquela (ainda a regra *res perit domino*). Contudo, se a perda for decorrente de culpa do devedor (art. 239), responderá pelo equivalente, mais as perdas e danos, sancionando-se, pois, o seu desvio de conduta.

Na deterioração da coisa, sem culpa do devedor (art. 240), ao credor caberá recebê-la no estado em que esteja, sem direito a indenização (pois os riscos correm contra o titular). Todavia, se houver culpa do devedor, poderá o credor exigir o equivalente, ou aceitar o bem no estado correspondente, com direito a indenização por perdas e danos em qualquer hipótese (arts. 240, 2ª parte, e 239).

Em caso de melhoramento ou aumento da coisa, ou de seu valor, lucrará o credor sem pagar indenização, desde que inexista trabalho ou despesa do devedor (art. 241). Mas, havendo contribuição pessoal ou material do devedor para o acréscimo (art. 242), cumpre distinguir-se se as benfeitorias (art. 96) foram realizadas de boa ou de má-fé pelo devedor, variando a respectiva regulamentação (arts. 1.219 a 1.222). Se de boa-fé, cabe-lhe indenização pelas benfeitorias úteis e necessárias, com direito de retenção (art. 1.219 e CPC, art. 744 e § 1º), se lhe for negado pelo credor o pagamento, enquanto as voluptuárias poderão ser levantadas, se possível sem detrimento da coisa. Se de má-fé, somente sobre as benfeitoras necessárias tem direito o devedor, mas sem o *ius retentionis* e sem o levantamento citado. Em caso de dano, pode o prejuízo ser compensado com o valor das benfeitorias, que só obrigam ao ressarcimento se existentes à época do pagamento. Outrossim, o credor obrigado a indenizar o melhoramento, ou o aumento, ao possuidor de má-fé pode optar entre o seu valor atual e o seu custo; ao possuidor de boa-fé, por sua vez, indenizará pelo valor atual (art. 1.222). Por fim, quanto aos frutos percebidos (art. 242, parágrafo único), também difere a disciplina em razão da boa, ou da má-fé, do devedor. No primeiro caso, faz jus aos frutos percebidos; deve devolver os colhidos por antecipação; deve restituir os pendentes assim que cessada a boa-fé, deduzidas as despesas de produção e custeio, considerando-se colhidos e percebidos os frutos naturais e industriais logo que separados, enquanto os civis se reputam percebidos dia a dia (arts. 1.214 a 1.215). No segundo, o devedor responde por todos os frutos colhidos e percebidos, bem como por aqueles que deixou de perceber por culpa sua, desde que se caracterizou a má-fé, fazendo jus, no entanto, a despesas de produção e de custeio (art. 1.216).

24. A obrigação de dar coisa incerta

A obrigação de dar coisa incerta é aquela em que a coisa devida é indicada apenas por suas características gerais (como gênero, e não como espécie). Compreende-se, pois, em seu contexto, coisa indeterminada, mas passível de determinação à ocasião do cumprimento, que é precedida pela escolha da *res* (daí o nome de "obrigação genérica" que recebe).

Distancia-se da de dar coisa certa diante da especificação que naquela existe, possibilitando, pois, ao devedor, ao revés, a eleição da coisa a ser entregue, dentro do gênero correspondente (que naquela não é admissível, como vimos, ante a individualização do bem desejado pelo credor). Dispõe o devedor, nessas obrigações, da faculdade de escolher o bem, mas o risco respectivo é de maior espectro, eis que conforme a máxima latina *genus nunquam perit*.

Não se confunde, ademais, com a obrigação alternativa, embora lhe seja afim, pois, enquanto nesta há prestações distintas, desde logo indicadas pelas partes e submetidas depois, no cumprimento, à escolha do devedor, na genérica há indefinição da coisa, dentro da pluralidade de que se compõem os gêneros de bens (ou seja, dentre as várias coisas do gênero, o devedor escolherá uma, a seu critério, e não apenas uma na alternativa posta no vínculo constitutivo).

A doutrina aparta, ainda, a obrigação genérica da obrigação fungível: a primeira é composta de coisa incerta, que ao devedor cabe entregar, em função da qualidade, média, para efeito de liberação do vínculo, enquanto a segunda é constituída de coisas fungíveis, desvinculando-se o devedor pela entrega de qualquer das indicadas.

Na regulamentação legal, prescreve-se, de início, que a coisa incerta deve ser indicada, ao menos, pelo gênero e pela quantidade (art. 243) (por exemplo, tantas sacas de milho, tantos litros de leite etc.). Completa-se, assim, a obrigação com a enunciação dos citados elementos, a cuja míngua inexistirá o vínculo.

A escolha deve ser realizada pelo devedor, se não houver estipulação em contrário, mas não poderá dar a coisa pior, nem será obrigado a prestar a melhor (art. 244). A escolha perfaz-se pela concentração, ou seja, pelo ato do devedor que individualiza a *res* à época do cumprimento (assim, pelas ações de contagem e de separação, de pesagem, de medição e de corte etc.). Cumpre, ademais, manter-se na média quanto à qualidade, a fim de preservar-se o equilíbrio no relacionamento obrigacional. Mas podem as partes convencionar a escolha pelo credor, ou mesmo por terceiro, observando-se os prazos e as condições fixadas nos ajustes. De qualquer sorte, é somente com a entrega que se libera o devedor, e não com a separação das coisas, que se constitui, pois, em preparação, e não em adimplemento.

Feita a escolha, convola-se a obrigação em de dar coisa certa (art. 245), regendo-se, portanto, pelas regras a ela referentes (arts. 233 e segs.).

Por fim, antes da escolha, não poderá o devedor alegar perda ou deterioração da coisa, mesmo por força maior ou caso fortuito (art. 246). Assim, em razão da regra de que gênero não perece, se se perder a coisa (como, por exemplo, produto alimentício, ou colheita em campo de cultura etc.), ao devedor caberá obter outra para entregar. Também nas obrigações em dinheiro, o risco corre por conta do titular, que não pode aduzir perda ou extravio para eximir-se da obrigação. Somente seria válida a alegação se limitado o gênero na entrega de coisas, pois, nessa hipótese (obrigação quase genérica), o perecimento ou a impossibilidade põe fim à relação, como entende a doutrina (como nos casos de produtos de uma certa cultura, ou de determinada safra, ou de um determinado conjunto).

No descumprimento da obrigação, dispõe o credor de ação de execução para compelir o devedor à sua satisfação (CPC, arts. 629 e segs.).

25. A obrigação pecuniária

A obrigação de entregar dinheiro, ou obrigação pecuniária, assume conotação especial entre as obrigações de dar, sujeitando-se, pois, a regime próprio, tanto sob o aspecto do principal como dos juros (também a obrigação de indenizar se reveste de colorações próprias, mas será versada em outro passo, em face de sua origem e sua estruturação peculiar).

Consiste a obrigação na entrega de um determinado valor, ou seja, a dívida resume-se a soma de dinheiro, obtendo-se, quando necessária, a cifra, por meio de cálculo (assim nas dívidas em espécie de moeda, em valor convencionado, ou indexado etc.).

O pagamento deve, pois, ser feito, em razão do princípio do nominalismo (valor nominal) adotado na legislação própria, em moeda corrente do país no lugar do cumprimento (art. 315), não se admitindo cláusula-ouro ou outro expediente equivalente. Mas a inflação acabou por gerar a criação e a utilização de mecanismos de estabilização ou de reajustamento de valor, a fim de se equilibrarem as posições das partes ante a desvalorização da moeda. Além disso, exigências do comércio exterior impuseram também a necessidade de aceitação de moeda estrangeira em operações definidas em lei (Decreto-lei nº 857, de 11.9.69).

Mas a obrigação pecuniária deve ser originariamente estipulada como tal, podendo as partes, no contrato, prever as formas de correção possíveis, por meio de revisão de valor, conforme preço do bem ou de índice geral do custo de vida (escala móvel), ou por índices oficiais (correção monetária), mantendo-se a correspondência nas prestações. Há também reajustamentos previstos em lei, em vários setores (como na locação, na venda a prestação, de empréstimo, ou de financiamento etc.). A correção monetária, que se destina a atualizar o valor do dinheiro mantendo o seu poder de compra, pode, assim, ser contratual, ou decorrer de lei, ficando a respectiva indexação, de regra, sob a vontade das partes, respeitados sempre os limites que a ordem jurídica impõe (conforme a extensa regulamentação existente).

Não havendo cláusula de reajuste, o risco da deterioração do valor recai sobre o credor, não se admitindo, no entanto, contratação por valor intrínseco ou por valor comparativo.

Mas o ônus da entrega é suportado pelo devedor, que não se libera senão com o efetivo recebimento pelo credor, ou a colocação à sua disposição em mecanismos seguros de recepção (como em bancos, mediante ordem de pagamento, ou crédito em conta-corrente identificada). Daí, não pode alegar perda ou extinção da espécie (no último caso, teria de entregar em moeda equivalente).

A entrega deve realizar-se em dinheiro de contado, não se admitindo sucedâneo, a menos que aceito pelo credor (como o pagamento por entrega de título de crédito, ou de apólice, que constitui cessão de crédito, art. 358, ou ainda por cheque, que é ordem de pagamento, e não pagamento propriamente). Nesses casos, quando admitida, a entrega corresponde a dar *pro solvendo* (para pagamento), e não *pro soluto* (como pagamento), liberando-se, em conseqüência, o devedor apenas com o efetivo recebimento do valor do título, ou da cártula, pelo credor.

Cumpre distinguir-se, outrossim, em razão da natureza do objeto, a dívida de dinheiro da de valor, esta consubstanciada por estimação (ou valor) e não por fixação do *quantum* (pecuniária); por conseguinte, pode haver variação em função da oscilação da moeda. Nessas obrigações, o risco da desvalorização é suportado pelo devedor, que fica adstrito, diante da diminuição do poder aquisitivo, a entregar quantidade maior de dinheiro no cumprimento.

- Finalmente, quanto à obrigação de juros, que normalmente surge como acessória a operações de uso de capital alheio (como no empréstimo, em financiamento ou abertura de crédito etc.), configura-se pela necessidade de entrega de dinheiro (ou de bens) em contrapartida. Considerando que o juro é a remuneração do capital, fixa-se em percentual sobre o respectivo valor, nascendo a obrigação de pagar no momento da constituição do vínculo (art. 406). Previsto no instrumento, sujeita-se aos limites legais fixados para os negócios particulares, a fim de conter-se a usura (Decreto nº 22.626/33 e legislação posterior). Além disso, existem juros definidos em lei, de que o moratório – ou seja, aquele que se destina a sancionar o devedor em atraso – é o de maior realce, exigível, ademais, à taxa nela prevista (art. 406).

A execução da obrigação, quando de quantia certa, obedece a regime diverso, conforme seja solvente (CPC, arts. 646 e segs.) ou insolvente o devedor (arts. 748 e segs.).

Capítulo VIII

AS OBRIGAÇÕES DE FAZER

SUMÁRIO: 26. *Noção e espécies.* 27. *A obrigação de prestar serviços.* 28. *A obrigação de realizar obra.* 29. *Outras obrigações da espécie.* 30. *Regime geral dessas obrigações.*

26. Noção e espécies

As obrigações de fazer são aquelas que consistem em atividade pessoal do devedor, que se vincula a executar trabalho físico ou intelectual, a realizar obra com o seu engenho ou com o emprego de materiais, ou a prestar fato determinado pela vantagem almejada pelo credor, mesmo não sendo trabalho. Consubstanciam-se, assim, na prestação pessoal de fato, pelo devedor, de interesse do credor.

Nessas obrigações, o devedor compromete-se a realizar alguns serviços ou a desempenhar uma tarefa, empregando, pois, a sua energia pessoal. Ao credor interessa exatamente essa ação, que se pode manifestar como restrita ao próprio devedor (obrigação *intuitu personae*, ou de prestação infungível), ou admitir a intervenção de outrem na consecução material (de prestação fungível).

É sob esse panorama que se descortinam as obrigações de fazer, caracterizadas pela distribuição entre prestações infungíveis, ou seja, contratadas especificamente em razão de qualidades pessoais, ou de condições próprias do devedor (como nos casos de confecção de jóia especial, pintura de tela, criação de música, realização de *show,* representação teatral etc.), e fungíveis, ou seja, em que a consecução pelo devedor não se constitui em preocupação essencial de credor, podendo, pois, comportar, salvo ajuste contrário, intervenção de outra pessoa na execução (como no conserto de máquina, na pintura de parede, no levantamento de muro, na realização de negócio como representante de outrem; no reforço de garantia, na obtenção de fato de terceiro, na prestação de fiança etc.).

Levando-se a extremo a idéia de fazer, verifica-se que nela se encartam as demais ações humanas – de dar e de não fazer –, pois sempre se requer atividade da pessoa, mesmo na prestação de coisa. Mas as diferenças entre as diversas modalidades, apontadas na doutrina, mostram a respectiva individualidade: na de dar, entrega-se ou restitui-se alguma coisa ao titular do direito; na de fazer, desenvolve-se certa atividade – principalmente, execução de serviço ou de obra – para atender-se aos anseios do titular; na de não fazer, abstém-se da prática de certo ato no interesse do credor. Na primeira, o objetivo final é a recepção de um bem, em transferência de domínio, de posse ou de outro direito, pelo titular; na segunda, é a obtenção da finalidade da ação do devedor que anima o credor, ou, por outras palavras, é o alcance do objetivo visado com a ação do devedor (do próprio ou por meio de outrem); na última, e sob postura negativa do devedor, ao credor interessa a abstenção e os seus efeitos.

Com isso, cada modalidade dispõe de textura própria, consubstanciando-se a de fazer na efetivação de um ato físico ou intelectual, consistente em serviço ou não, ou de confecção de uma obra material, ou literária, artística, ou científica, como: prestação de serviços, prática de atos de administração, realização de negócio, gestão de negócio, criação de romance, de poesia, de obra de arquitetura, de escultura, outorga ou assinatura de escritura etc.

Mas as ações de fazer podem estar ligadas a outras em certas figuras contratuais, como na empreitada, no mandato, na prestação de serviços (por exemplo, na obrigação de construir prédio, com a entrega do material correspondente), em que cada qual fica sujeita ao regime correspondente, obedecidas, no entanto, as regras próprias do contrato existente.

Distanciam-se, outrossim, das de não fazer, pois enquanto representam ação positiva do devedor, estas constituem simples abstenção, ou atitude negativa (daí, a nomenclatura obrigações positivas e negativas).

27. Obrigação de prestar serviços

Uma das obrigações de fazer é a de prestar serviços; vale dizer, aquela em que o trabalho é medido pelo tempo ou pelo gênero.

Nessa espécie, é no desenvolvimento e na utilização, nos termos ajustados, das energias do obrigado, que se concentra o interesse do credor, vinculando-se, pois, as partes ante, de um lado, a prestação dos serviços (posição do devedor) e, de outro, o aproveitamento dos resultados desse labor (posição do credor) e a contrapartida representada pela ação prevista (pagamento de remuneração, que é o denominador comum nessas obrigações; mas também efeitos outros decorrem em razão dos fatos prestados).

Na respectiva regência, em função de sua natureza, cumpre distinguir-se a possibilidade, ou não, de integração de terceiro ao cumprimento, e, de outra parte, a submissão, ou não, ao regime de execução específica da obrigação em caso de inadimplemento do devedor. Outras questões de relevo são as relativas à caracterização, ou não, de erro quanto à pessoa, e aos riscos relativos ao cumprimento ante a impossibilidade da prestação.

Na obrigação de prestar serviço, é possível – salvo se o credor exigir em contrário, nos termos da avença – a execução por terceiro, liberando-se com ela o devedor. Na de realizar obra, não se pode cogitar dessa extensão e, mais, em seu contexto, prospera a máxima *nemo proecise potest cogi ad factum* que, em caso de recusa do devedor, impede a execução específica. Outrossim, a invocação do erro, que vicia o negócio jurídico, somente é cabível nas obrigações de realizar obra, dada a natureza personalíssima (por exemplo, a confecção de tela de pintura por certo artista, a representação teatral etc.), salvo se expressamente se convencionar a consecução pelo devedor nas demais (assim, no conserto de aparelho eletrônico por determinado técnico, a celebração de depósito com certo depositário, ante a confiança pessoal etc.). Em conseqüência do exposto, na obrigação de realizar serviço é menor o risco de insatisfação do interesse do credor, dada a possibilidade de efetivação por pessoa diversa do devedor.

28. A obrigação de realizar obra

Outra espécie de obrigação de fazer é a de realizar obra, ou seja, aquela em que interessa ao credor o produto final do trabalho do devedor, ou, ainda, aquela em que o trabalho é determinado pelo resultado (ou produto) (como na criação de obras intelectuais estéticas, em que ao credor releva receber a obra final, ou seja, a pintura, o romance, o poema etc.). Nessa espécie, o trabalho é contratado enquanto energia criadora, interessando ao credor a obra final produzida pelo devedor.

A obra desejada pode ser bem material, ou imaterial (ou incorpóreo) (como na construção de uma casa, ou de um prédio, e, de outro lado, na elaboração de uma escultura, de um projeto arquitetônico, de um romance, de uma novela etc.), cada qual submetida a disciplina própria, à luz dos contratos em que se integrem. Na hipótese de envolver bem material (presente, por exemplo, nos contratos de empreitada, de construção, e outros do gênero), centra-se a regência no relacionamento entre construtor e dono da obra à vista do fim último, ou seja, a edificação, enquanto nos de bem imaterial preocupa-se o direito com os laços pessoais e materiais entre o autor e a obra intelectual, na proteção de seus interesses em cada envolvimento com produtores, editores e usuários da obra (submetidos a sistema especial: Lei nº 9.610, de 19.2.98, e legislação complementar, que analisamos em diferentes escritos, de que destacamos os nossos livros *Curso de direito autoral* e *Os direitos da personalidade*).

Prospera, a respeito, a idéia de infungibilidade da obrigação, relacionada a elementos personalíssimos do titular: não se aceita, portanto, a substituição do devedor por outra pessoa, para os fins de cumprimento.

Não comporta a espécie, ademais, execução específica (ou *in natura*), pois, ante a recusa do cumprimento, inexiste condição de forçar-se ou constranger-se o devedor a prestar, sem violar a sua subjetividade, que ao direito repugna (dentro da noção de respeito à personalidade humana).

29. Outras obrigações da espécie

Outras obrigações incluem-se no elenco das de fazer, que se traduzem pela realização de fato determinado, não caracterizador de serviços, para a satisfação dos interesses do credor, como a outorga de escritura, a assinatura de cambial, o reforço de garantia e outras ações integrantes, principalmente, do amplo universo dos *pacta de contrahendo* (contratos preliminares ou promessas de contratar, ou seja, ajustes tendentes à posterior celebração de contratos definitivos).

Assim, mesmo se não configurando trabalho ou resultado determinado, no ordenamento jurídico se podem detectar ações outras que se inserem no âmbito das obrigações de fazer, como as já citadas.

Apresentam em comum a identidade de natureza que tem no fazer a ação própria, distanciando-se, no entanto, na respectiva disciplina, em razão do regime legal para cada situação definido, e sempre em função do contexto em que se inscrevem (assim, por exemplo, a outorga de escritura submete-se, quando se trata de bem imóvel, ao regime da adjudicação compulsória, em que a decisão do juiz substitui a vontade do inadimplente, em razão dos interesses da coletividade, que inspiram a legislação sobre loteamento e construção de prédios). Vale dizer: entre as peculiaridades de cada situação, deve-se ressaltar que as conseqüências do inadimplemento são diferentes em face da legislação aplicável à espécie obrigacional, detectando-se apenas em concreto, à luz das circunstâncias, o respectivo regime, mas em função da consideração básica da indenizabilidade como sucedâneo do cumprimento (ou seja, a conversão da obrigação em perdas e danos).

30. Regime geral dessas obrigações

O regime geral das obrigações de fazer compõe-se de poucas normas, complementando-se, pois, a par da construção teórica correspondente, com as disposições do negócio jurídico em que se integram.

De início, na vigente codificação, o credor não é obrigado a aceitar de terceiro a prestação, quando se ajustar que o devedor a execute pessoalmente (arts. 247 e segs.). Prospera a regra da infungibilidade da prestação.

Se a prestação do fato se impossibilitar, distingue-se a solução, segundo haja, ou não, culpa do devedor: não existindo, resolve-se a obrigação; sendo culpado, responde por perdas e danos (art. 248), dentro da idéia de sancionamento ao devedor faltoso (assim, se um fato natural ou do acaso impede a ação do devedor, libera-se este; mas, se por sua vontade, ou por culpa, se impossibilitar a prestação, arcará com os prejuízos).

Incorre ainda na obrigação de indenizar o devedor que recusa a prestação que lhe tenha sido imposta, ou só por ele seja exeqüível (art. 247), ainda em conseqüência da infungibilidade e da impossibilidade de execução específica.

Podendo a obrigação ser realizada por terceiro, o credor tem o direito de mandá-la executar à custa do devedor, nas hipóteses de recusa ou de mora, ou pedir indenização por perdas e danos (art. 249). Abre-se, pois, opção ao credor, agora diante da fungibilidade da prestação, permitindo-se-lhe obter a prestação, ou o equivalente, em ação de indenização. Em caso de urgência, pode o credor, independentemente de autorização judicial, executar ou mandar executar o fato, sendo depois ressarcido (parágrafo único).

Sob o aspecto processual, na sistemática em vigor, o credor pode servir-se de medidas próprias de execução, citando o devedor para cumprir a obrigação. Nesse plano, a sentença final vale como declaração para os efeitos legais, substituindo a não emitida pelo obrigado (CPC, arts. 632 e segs.). Permite-se, outrossim, ao credor a obtenção da coordenação do devedor ao pagamento de pena pecuniária por dia de atraso no cumprimento (ação de preceito cominatório), contado o prazo da data fixada pelo juiz (art. 644).

Capítulo IX

AS OBRIGAÇÕES DE NÃO FAZER

SUMÁRIO: 31. *Noção e alcance.* 32. *Regime jurídico geral.*

31. Noção e alcance

Obrigação de não fazer é aquela por meio da qual a pessoa se compromete a não realizar determinada ação que poderia. Nessa modalidade, o devedor assume o compromisso ante interesses do credor, autolimitando, pois, a sua faculdade negocial, de sorte que lhe cabe não praticar o ato previsto (é a abstenção de ação a prestação que interessa ao credor, como na cláusula de manutenção de sigilo, na de não-estabelecimento etc.).

Essa espécie, que se denomina obrigação negativa, revela-se, assim, como de prestação de fato, distinguindo-se tanto da de dar como da de fazer, conforme anotamos. A prestação de coisa na de dar e a de fato na de fazer são os elementos básicos nesse distanciamento, que se completa, quanto à última, na abstenção característica da de não fazer. De fato, enquanto na obrigação de fazer há uma ação positiva, na de não fazer existe omissão, comportamento ou postura negativa, quedando-se o devedor privado à conduta prevista (como na obrigação de não praticar determinado ato, de não edificar, de não se opor ou de tolerar atos praticados pelo credor etc.). Daí as denominações de obrigações positivas para as de fazer e negativas para as de não fazer.

Outrossim, as obrigações de não fazer não se confundem com as atitudes passivas da coletividade (conseqüências) diante dos direitos reais (causa). Com efeito, valendo *erga omnes*, esses direitos exigem da sociedade o respeito, consubstanciado na passividade com que se devem manter os seus integrantes, não praticando ações que os possam ameaçar, perturbar ou violar, em função da respectiva natureza e em consonância com a sistemática legal própria. Nas obrigações de não fazer, o vínculo decorre da espontânea manifestação do interessado, ou de negócio jurídico próprio, sob a égide dos interesses correspondentes, em que a abstenção é a prestação (assim, por exemplo, diante do direito real de propriedade, a comunidade deve abster-se de ações que o desrespeitem, como a de tomar o bem sem autorização do interessado, a de não penetrar no bem senão quando legitimamente habilitado, a de não usar o bem, a de não edificar no bem etc.; mas, no âmbito do direito obrigacional, somente às partes envolvidas no negócio se estende o vínculo, como nas obrigações assumidas: pelo vendedor do estabelecimento comercial, de não se instalar com negócio no mesmo ramo; pelo empregado de empresa detentora de tecnologia, de não revelar o segredo; pelo sócio, de não se associar com outras pessoas; pelo locatário, de não sublocar o imóvel; pelo vendedor, de não se opor à revenda do bem; pelo condômino, de não adotar ações ou procedimentos que comprometam os interesses da comunidade condominial etc.).

Observa-se, pois, com as obrigações de não fazer, a abstenção da parte como elemento fundamental para o interesse do credor, a fim de desenvolver este, mais tranqüilamente, suas atividades, de sorte que são compatíveis com quaisquer situações negociais em que se não deseje a participação do obrigado em concorrência, ou em ações que possam ferir direitos do credor ou da comunidade em que atue.

O universo dessas obrigações é extenso, não comportando delimitações senão aquelas normais impostas pelo ordenamento jurídico ao mundo negocial: pode, assim, a pessoa obrigar-se a não fazer qualquer coisa de interesse econômico, dentro de sua liberdade de contratar, respeitados sempre os limites da lei, dos bons costumes e da boa-fé. Ressalte-se, a propósito, a ilegalidade de pacto em que se consigne sacrifício excessivo da liberdade do devedor (como o contrato definitivo de não fazer concorrência jamais ao outro contratante, ou de não prestar certo serviço, ou de suportar indeterminadamente algum ônus etc.).

Cumpre, portanto, para a definição do respectivo alcance, a análise do negócio jurídico em que se insere a obrigação de não fazer, a cujo regime fica submetida, a par das regras gerais traçadas para a espécie.

32. Regime jurídico geral

Obedece o regime jurídico das obrigações de não fazer aos princípios gerais que governam as de fazer, dentro da noção de prestação de fato que às une, com as regras complementares próprias a cada situação.

Na codificação vigente, estabelece-se, de início, dentro da noção de infungibilidade, que ocorre a extinção da obrigação, desde que, sem culpa do devedor, se lhe torne impossível abster-se do ato que se obriga a não prestar (arts. 250 e 251). Isso significa que a impossibilidade da prestação põe fim à obrigação (assim, a tolerância do titular quanto ao uso de pastagem por gado alheio cessa ante obstáculo intransponível que se lhe anteponha à vontade).

Nessas obrigações, caracteriza-se o descumprimento pela prática do ato pelo devedor. Com isso, o credor pode exigir que o desfaça, ou que suporte o desfazimento, respondendo por perdas e danos (art. 251). Desse modo, deve-se anotar que, de início, o inadimplemento coincide com a mora (*mora ex re,* art. 390), ficando depois o devedor sujeito ao desfazimento do ato (execução específica), além de arcar com indenização por danos e perdas. Ajunte-se que, em caso de urgência, poderá o credor desfazer ou mandar desfazer, independentemente de autorização judicial, sem prejuízo do ressarcimento devido (CC, art. 251, parágrafo único). Anote-se, ademais, que, para tanto, não se pode atingir a subjetividade do devedor, ou seja, a obtenção da ordem judicial e a sua execução não se concretizam jamais com constrangimento pessoal ante o princípio referido. Assim sendo, o desfazimento por terceiro, à custa do devedor, quando fungível a prestação, é a solução (portanto, realizado o ato, requer-se o seu desfazimento, que o próprio devedor, ou outrem, concretizará, conforme o caso, subordinando-se o primeiro ao pagamento das indenizações cabíveis).

Sob o prisma processual, a execução dessas obrigações perfaz-se em consonância com as regras referidas quanto à de fazer (CPC, arts. 632 e segs.), com as particularidades próprias (arts. 642 e 643), admitida a ação de cominação (arts. 287 e 644).

Capítulo X

AS OBRIGAÇÕES ALTERNATIVAS

SUMÁRIO: 33. *Identificação da espécie*. 34. *Regulamentação legal*.

33. Identificação da espécie

Obrigação alternativa (ou disjuntiva) é aquela composta de prestações diferentes, liberando-se, no entanto, o devedor com o cumprimento de apenas uma e à sua escolha. Constitui, portanto, obrigação complexa (ou composta), em que a tônica reside na faculdade que tem o devedor, à vista da multiplicidade de prestações, de eleger a que pretende cumprir, definindo-se, com a escolha, o objeto respectivo (*plures res sunt in obligatione, una autem in solutione*).

Essa modalidade distancia-se das obrigações simples, ou seja, aquelas formadas com apenas uma prestação, pois nestas ao devedor cabe cumprir o avençado, nos exatos termos ajustados (dar, fazer ou não fazer algo). Separa-se também das conjuntivas ou cumulativas, eis que, embora presente o requisito comum da pluralidade de prestações, nestas, ao devedor compete realizar todas, sem escolha. Ocorre, em verdade, na obrigação alternativa, concentração em uma das prestações, no ato da escolha, com cuja execução se exonera o devedor do vínculo. Substitui a prestação eleita a multiplicidade anterior, tornando-se exigível o respectivo cumprimento, dentro da noção de coisa certa, enquanto nas cumulativas (em que várias prestações, e não coisa dentro de uma universalidade, são devidas) todas as obrigações devem ser realizadas, simultânea ou sucessivamente, conforme estipulado no ajuste.

Abre-se, portanto, na figura em tela, dentro da pluralidade inserida no negócio, ou decorrente da lei (em situações em que se prevê a escolha), opção ao devedor para eleger a prestação que deseja cumprir, definindo-se assim o objeto da obrigação.

Com isso, tem-se espécie obrigacional peculiar, em que a prestação é individualizável, pela vontade do devedor, dentro do elenco posto (como, por exemplo, de dar coisa certa, ou o seu equivalente em espécie; de dar ou de prestar serviço; de fazer e de abster-se de determinada prática etc.).

Trata-se, pois, da obrigação única, com prestações várias, realizando-se, pela escolha, a complementação de seus elementos integrantes e a conseqüente exigibilidade. Considera a doutrina que também na força retroativa da eleição encontra essa obrigação a sua explicação teórica, cogitando-se, outrossim, de alternatividade nos sujeitos ativos, com a exoneração do devedor mediante cumprimento da obrigação a favor de um dos credores (pluralidade de credores).

34. Regulamentação legal

A regulamentação legal da matéria enfatiza o ato de eleição, estipulando normas, outrossim, para as hipóteses de impossibilidade ou de inexeqüibilidade das prestações.

Fixa'a codificação vigente, de início, que, nas obrigações alternativas, a escolha cabe ao devedor, salvo estipulação em contrário (arts. 252 e segs.). É a regra geral, em consonância com a posição de defesa da parte mais fraca economicamente e para possibilitar-lhe mais conforto no cumprimento do ajustado. Mas ao credor pode também ser deferida a escolha, por acordo expresso entre as partes, ou por força de norma legal, observando-se sempre o prazo previsto para a definição da *res*. Podem, não só a prestação, como também os demais componentes do objeto, ser deixados à eleição do interessado (prazo, local, modo de entrega etc.). Admite-se a indicação explícita de terceiro para, como mandatário, fazer a escolha, ou mesmo a efetivação por sorteio.

A escolha denomina-se concentração, não se exigindo forma especial e, em qualquer caso, cumpre registrar que, não havendo prazo, o titular deve ser notificado para o seu exercício. A variação na escolha somente é possível enquanto não cientificada a outra parte; assim, exercitada e comunicada, torna-se irrevogável, liberando-se as demais prestações. Mas não se pode obrigar o credor a aceitar fracionamento da prestação e conseqüente recebimento de parte de cada qual (§ 1º), coerentemente com a regra da indivisibilidade do cumprimento. Tratando-se de prestações periódicas, a faculdade de opção poderá ser exercida em cada período (§ 2º). No caso de pluralidade de optantes, não havendo acordo unânime entre eles, decidirá o juiz, findo o prazo por este assinado para a deliberação (§ 3º). Se o título deferir a opção a terceiro, e este não quiser, ou não puder exercê-la, caberá ao juiz a escolha se não houver acordo entre as partes (§ 4º).

Questão de relevo nessa temática é a da impossibilidade das prestações, em que várias situações podem ser detectadas. Se todas se tornarem inexeqüíveis, ou impossíveis, sem culpa do devedor, extingue-se a obrigação (art. 256); se apenas uma, subsistem as demais (art. 253). (Assim, se alguém se compromete a dar um bem, ou o equivalente em dinheiro, desaparecendo aquele ou sendo retirado de circulação; ou se obriga a entregar um bem ou a efetuar serviço, que depois vem a tornar-se inexeqüível ante circunstâncias supervenientes.) Na impossibilidade total, cumpre verificar se há, ou não, participação volitiva do devedor na causação, para a sua liberação ante o perecimento do objeto, em consonância, aliás, com a própria natureza das coisas (assim, por exemplo, se em mora, ou se concorreu para o evento, não se aproveita da excludente). Na impossibilidade parcial, segue-se o cumprimento normal da alternativa, não se aceitando a entrega de seu equivalente (assim, se o devedor se compromete a prestar fato, ou entregar coisa, perecida esta, não se pode escusar de realizar o serviço, ou a obra, oferecendo o valor da *res*).

Altera-se, no entanto, a disciplina legal na existência de culpa de qualquer das partes, prevendo-se, de início, que, se não foi possível o cumprimento de nenhuma das prestações por culpa do devedor, não competindo ao credor a escolha, ficará aquele obrigado a pagar o valor da prestação que por último se impossibilitou, bem como as perdas e danos havidos (art. 254). Cuida-se, pois, de frustração das prestações pela ação do devedor, que assim responde pelas conseqüências. Mas se a escolha couber ao credor e uma das prestações vier a impossibilitar-se por culpa do devedor, terá aquele o direito de optar entre a prestação subsistente ou o valor da outra, mais as perdas e danos. Outrossim, se ambas as prestações se tornarem inexeqüíveis, ao credor caberá reclamar o valor de qualquer das duas, mais as perdas e danos (art. 255). Nessas hipóteses, a idéia teórica é a do sancionamento aos desvios de conduta do obrigado.

Sob o aspecto processual, consigna o estatuto correspondente que, quando a escolha couber ao devedor, deverá ser citado para exercer a opção e realizar a prestação em 10 dias, se outro prazo não houver, estipulado em lei, no contrato, ou na sentença (CPC, art. 571). Não exercitando o devedor, no prazo, a opção, devolver-se-á ao credor esse direito (§ 1º). Cabendo ao credor a escolha, deverá indicá-la na petição inicial (§ 2º), dispondo ainda da ação de exibição para conseguir a apresentação das prestações a escolher, entre outras compatíveis.

Capítulo XI

AS OBRIGAÇÕES FACULTATIVAS

SUMÁRIO: 35. Delimitação de sua textura. 36. Regime jurídico.

35. Delimitação de sua textura

Diz-se facultativa a obrigação em que, apesar da imprecisão terminológica, é permitido ao devedor substituir a prestação devida por outra. Trata-se, pois, de obrigação com uma só prestação, em que o devedor goza da faculdade de substituí-la por outra; daí o nome adequado da figura, ou seja, de obrigação com faculdade alternativa, ou com faculdade de substituição, que a doutrina lhe empresta (em razão do caráter vinculativo da obrigação).

Nessa espécie, ínsita no ato constitutivo da obrigação – legal ou convencional –, encontra-se a faculdade de substituição, executável pelo devedor, eis que ao credor compete apenas o direito de exigir a prestação original. Por isso, nasce una a obrigação, com uma só prestação, mas a faculdade outorgada ao devedor faz outra vir a ser executada, exatamente para facilitar-lhe o cumprimento (dentro da regra *aliud pro alio*) (como, por exemplo, na liberação do titular de coisa achada por outrem mediante abandono da *res*; na exoneração do devedor de prestação de dar mediante execução de serviço, ou vice-versa; na faculdade de restituir a mercadoria consignada, ao invés de pagar o preço, no contrato estimatório; na liberação do contratante pelo pagamento da pena pecuniária em substituição ao cumprimento da obrigação).

Dotada, pois, de individualidade própria, distingue-se da obrigação alternativa, dada a multiplicidade de prestações que, como se verificou, caracteriza esta, canalizando-se depois na eleita a exigibilidade (*illud aut illud*). Na obrigação denominada facultativa, não existe complexidade de objeto, mas sim unicidade (obrigação simples), permitindo-se depois, no entanto, que o devedor se libere com a execução de outra prestação (substituição da exigível por outra, por escolha do devedor). A alternativa na última é direito do devedor, não podendo em juízo obter guarida pedido do credor – que só faz jus à prestação convencionada, ou decorrente da lei –, representando assim posição de vantagem para o obrigado a sua existência.

A liberação do devedor com a entrega de outra prestação (*in facultate solutionis*) é a nota característica da espécie, permitindo-se ademais ao credor maior segurança quanto ao seu cumprimento.

Por fim, há que se isolar a figura em relação à dação em pagamento – modalidade de cumprimento em que se oferece, em substituição ao dinheiro, determinada coisa, com anuência do credor (art. 356) –, pois na obrigação facultativa, a par dos elementos expostos, prescinde-se da vontade do sujeito ativo.

36. Regime jurídico

A definição do regime aplicável à espécie não consta, de um modo geral, nos Códigos (como o nosso), resultando, portanto, do labor doutrinário.

Cumpre salientar-se que, isso não obstante, é perfeitamente admissível a figura, que, a par de propiciar maior comodidade ao devedor para a satisfação da obrigação, garante ao credor o ingresso correspondente em seu patrimônio, dada a sua equivalência à prestação própria.

A facultatividade pode consistir em reserva feita pelo devedor no ato constitutivo, ou defluir da lei, encontrando-se alguns casos em nossa codificação, como no âmbito dos contratos, dos direitos reais e dos de família. A prestação *in facultate solutio-*

ne não é objeto da obrigação, mas mera previsão supletiva; daí não goza o credor sobre ela de qualquer direito.

O direito à substituição é do devedor, não podendo o credor reclamar a prestação facultativa. Tornando-se impossível a prestação devida, extingue-se a obrigação; mas, ao reverso, sendo da prestação facultativa o problema, em nada se afeta a relação original. Eventual defeito da prestação facultativa também não afeta o vínculo.

Exercido o direito, a que se não pode opor o credor – que deve receber a prestação substituta –, o devedor libera-se do vínculo, extinguindo-se a obrigação.

Capítulo XII

AS OBRIGAÇÕES DIVISÍVEIS E INDIVISÍVEIS

SUMÁRIO: 37. *Caracterização das espécies.* 38. *O sistema legal.*

37. Caracterização das espécies

Em função da natureza do objeto, conforme comporte, ou não, cumprimento parcial, as obrigações denominam-se divisíveis ou indivisíveis. Divisíveis são aquelas que permitem a satisfação por partes, enquanto as indivisíveis somente podem ser cumpridas por inteiro. A classificação leva em conta, pois, a prestação (CC, arts. 87 e 88) – podendo a indivisibilidade ser, ainda, convencionada pelas partes –, mas sempre em relação a sujeitos múltiplos.

Nas obrigações divisíveis, existem tantas relações independentes quantos sejam os credores, ou os devedores: cada um é titular de uma parte, em consonância com a regra *concursu partes fiunt*. Nas indivisíveis, cada um responde pelo todo, sub-rogando-se nos direitos do credor contra os demais, e, de outro lado, cada credor tem direito pelo todo, devendo repartir com os demais o resultado obtido.

Também na solidariedade se rompe com a citada máxima, mas, neste fenômeno, a obrigação considera-se como um todo, cobrável ou exigível como tal (art. 257), ficando com direito de regresso contra os demais aquele que pagou, e devendo, em razão de lei ou de ajuste entre as partes, aquele que recebeu repartir com os outros o resultado (em espécie, ou em equivalente, conforme o caso).

Mas as duas espécies são distintas: na indivisibilidade (fenômeno objetivo), a demanda da execução a um dos coobrigados resulta da prestação, que não admite fracionamento na execução; na solidariedade (fenômeno subjetivo), o laço unificador decorre da lei, ou de ajuste, vinculando-se todas as pessoas à obrigação, seja ativa, seja passivamente, e independentemente do objeto (assim, por exemplo, no primeiro caso, a entrega de coisa individual como objeto e, no segundo, o vínculo que prende credores, ou devedores, como, por exemplo, nos títulos de crédito). Decorrem daí conseqüências jurídicas diferentes, que as codificações e os autores têm destacado.

A indivisibilidade pode decorrer – considerada como perda de características essenciais com o fracionamento – da natureza da coisa, da lei, da vontade das partes ou de decisão judicial (assim, em obrigação de entregar quadro, livro, jóia, documento; de prestar serviços, ou de edificar obra em que se estipule ou se estabeleça o cumprimento integral).

Assim, dentre outros efeitos, ao ter o devedor que saldar o total no caso de indivisibilidade, é da prestação e não da causa da obrigação – como na solidariedade – que lhe advém o ônus. Outrossim, na conversão da obrigação indivisível em perdas e danos, desaparece essa qualificação, enquanto na transmissão por sucessão prospera a diretriz oposta. Por fim, na indivisibilidade requer-se a caução do credor que recebe, como garantia para o devedor, não se cogitando dela no instituto da solidariedade (em que o devedor se libera com o pagamento a um dos credores). Mas, em concreto, pode dar-se coexistência dos dois fenômenos em determinada obrigação, que se sujeitará à regulamentação correspondente à espécie.

A distinção quanto à divisibilidade ganha relevo, portanto, apenas na hipótese de pluralidade de credores, ou de devedores, para efeito de determinar-se a exigibilidade ou a responsabilidade, em função dos pólos correspondentes: assim, sendo indivisível, cada credor, ou cada devedor, está apto a cobrar ou a arcar com o ônus, ou então todos os credores podem, ao mesmo tempo, desejar o cumprimento a que todos os devedores se submetem; ao reverso, sendo divisível, cada credor faz jus a uma parte e a cada devedor compete suportar a sua parte na dívida.

Havendo um só credor e um só devedor, a regra é a da indivisibilidade, pois nem o devedor é obrigado a saldar por partes a prestação, nem o credor é obrigado a recebê-la desse modo. Mas, em caso de multiplicidade de credores, ou de devedores, prospera a divisibilidade (daí o nome de obrigação conjunta, ou fracionária, que se lhe confere).

A pluralidade de credores, ou de devedores, pode resultar de várias origens, tanto contratual como por sucessão, ou por comunhão, cabendo verificar-se em concreto a prestação para saber-se de sua condição, ou os termos do ajuste existente, a fim de detectar-se a característica da obrigação.

A doutrina tem apontado, entre as obrigações de dar, fazer, e não fazer, as consideradas divisíveis e as indivisíveis. Entre as primeiras localizam-se as seguintes: as de pagar soma em dinheiro ou em bens que suportem divisão cômoda (como as de entregar bens indeterminados em número correspondente ao dos coobrigados ou dos concredores); as obrigações de realizar trabalho por quantidade ou por duração (por períodos) etc. Entre as segundas, as de dar coisa certa; as de restituir; as de fazer trabalho certo, ou de obra certa, as de não fazer etc.

38. O sistema legal

A sistemática legal das obrigações divisíveis e indivisíveis obedece às noções expostas, fixando o Código, de início, que, mesmo que a obrigação tenha por objeto prestação divisível, não pode haver pagamento por partes, se assim não for convencionado (art. 314). Consagra, pois, a regra geral da indivisibilidade, admitindo estipulação em contrário.

Mas, em caso de pluralidade de devedor, ou de credor em obrigação divisível, presume-se esta dividida em tantas obrigações iguais, ou distintas, quanto a credores ou devedores (art. 257). Prevalece, pois, o fracionamento e cada um só pode exigir a sua parte, ou deve pagar a sua cota, com as conseqüências próprias; vale dizer: existem, pois, várias obrigações. Com isso, tem-se na divisibilidade a possibilidade de cumprimento parcial e sem prejuízo de sua substância.

Na pluralidade de partes com indivisibilidade, reza o Código que, havendo dois ou mais devedores e não sendo divisível a prestação, cada um será obrigado pela dívida toda (art. 259). Mas o devedor que pagar o débito sub-roga-se no direito do credor em relação aos outros coobrigados (parágrafo único). Observa-se, pois, que a parte não deve o total, mas é forçada a satisfazê-lo, ante a indivisibilidade, ficando, com relação às demais, com o direito de receber suas cotas, como se fora o credor, rateando-se entre os obrigados a sua expressão.

Outrossim, existindo pluralidade de credores, prevê-se que, de início, cada um pode exigir a dívida inteira. Quanto ao devedor, desobriga-se mediante pagamento a todos conjuntamente, ou a um, dando este caução de ratificação dos outros credores (art. 260) (que lhe pode ser exigida). Se um dos credores receber a prestação por inteiro, a cada um dos outros cabe o direito de dele exigir em dinheiro a parte correspondente no total (art. 261). Por fim, se um dos credores remitir a dívida, prosseguirá a obrigação com os demais, que, no entanto, só a poderão exigir descontada a cota do remitente (art. 262), prosperando a mesma diretriz nas hipóteses de transação, novação, compensação ou confusão, todos modos indiretos de extinção das obrigações (parágrafo único) (arts. 360 e segs.). Com isso, a parte perdoada é descontada para efeito de evitar-se locupletamento dos demais, sem título correspondente.

Finalizando, dispõe a vigente codificação que perde a indivisibilidade a obrigação que se resolver em perdas e danos (art. 263). Se, para tanto, houver culpa dos devedores, todos responderão por partes iguais (§ 1º); sendo de um só a culpa, exonerar-se-ão os demais, respondendo o infrator pelas perdas e danos (§ 2º). Com isso, sendo de caráter pessoal a responsabilidade embasada na culpa, o faltoso arca com as conseqüências, indenizando os prejudicados.

Capítulo XIII

AS OBRIGAÇÕES SOLIDÁRIAS

SUMÁRIO: 39. *Identificação e textura da espécie.* 40. *Disciplina legal.* 41. *A solidariedade ativa.* 42. *A solidariedade passiva.*

39. Identificação e textura da espécie

Dentro da temática da pluralidade de sujeitos, ocupam posição singular as obrigações solidárias, definidas como aquelas em que existem vários credores, ou vários devedores, cada qual com direito, ou obrigado, à dívida toda. Nessas obrigações – em que repousa a segunda exceção à máxima do *concursu partes fiunt* –, embora haja pluralidade de sujeitos, cada qual representa a totalidade, seja ativa, seja passivamente. Unifica-se, assim, a multiplicidade, de modo que o recebimento por um credor libera o devedor dos outros, e vice-versa, o pagamento feito pelo devedor importa em quitação para os demais, junto aos credores, prosperando, entre si, o direito de regresso (ou seja, de haver, dos demais, as cotas-partes correspondentes).

Caracteriza-se, pois, o instituto pela existência de vários credores (solidariedade ativa), ou de vários devedores (passiva), ou de ambos (mista), unidos de tal sorte, contratual ou legalmente, que a dívida é exigível ou pagável em sua integralidade, resolvendo-se depois, entre os titulares, as suas posições, mediante cobrança do valor proporcionalmente às suas situações (nos dois pólos) (assim, ao credor que recebe compete ratear com os outros o valor, enquanto o devedor que paga pode cobrar dos demais as suas cotas na obrigação). Há, portanto, relações externas (credores e devedores) e internas (credores ou devedores entre si), prosperando, nas primeiras, a integralidade para o cumprimento e, nas últimas, a distribuição do *quantum* entre os interessados (quanto ao recebimento ou quanto ao pagamento).

Mas a temática em questão merece inúmeras discussões na doutrina, que, à vista de interpretações dadas a textos romanos, vislumbrava diferenças entre as obrigações consideradas perfeitas e as imperfeitas, consoante a origem legal (natureza da obrigação), ou voluntária (contrato ou testamento) e a identificação na espécie da unidade ou de multiplicidade de obrigações. Entende-se atualmente, no entanto, que nenhuma conseqüência digna de nota justifica a divisão referida, submetendo-se ao sistema do Código toda e qualquer obrigação solidária (art. 264), diante da prevalência da tese da multiplicidade de obrigações na solidariedade. Assim, integrando-se à relação, credores e devedores passam a responder pela sua e pelas demais obrigações que nela se integram.

Com isso, tem-se na cláusula *in solidum,* voluntária ou legalmente instituída, garantia maior para o cumprimento da obrigação, a que se submetem os patrimônios de todos os envolvidos, até a total satisfação dos interesses em causa. Diminui-se, em conseqüência, o risco de descumprimento, ante a conjugação de diferentes pessoas para sua realização.

Distingue-se, outrossim, a obrigação solidária da indivisível, como anotamos, principalmente porque a primeira envolve pessoas no relacionamento recíproco; a indivisibilidade deflui da natureza da prestação, podendo ser convencionada, mas sempre em razão do objeto; a solidariedade encontra-se insita no título constitutivo da obrigação (contrato ou testamento, e lei); prevalece na hipótese de conversão da obrigação em perdas e danos e extingue-se com a morte de um dos credores ou de um dos devedores (enquanto a indivisibilidade relaciona-se à natureza da coisa; converte-se em obrigação de dar e não perece com a morte). Além disso, na solidariedade, todos os devedores respondem por juros de mora no inadimplemento, aproveitando, outrossim, a todos a interrupção da prescrição por um dos credores.

Em face da solidariedade, que sempre deve ser explícita, tanto quando voluntária, como legal, diversas conseqüências jurídicas comuns prendem as co-responsáveis, aproveitando-lhes vários efeitos, inclusive da ação de apenas um (como a citada interrupção de prescrição, recurso em litisconsórcio e outros). Observa-se, pois, que a sua existência modifica radicalmente a posição dos sujeitos na relação obrigacional, unindo o conjunto creditório (ou debitório, conforme o caso).

Na solidariedade legal, o reforço visa a agregar ao pólo passivo da obrigação pessoas relacionadas a certos negócios jurídicos, como a fiança, o mandato, o comodato, a sociedade e outros, às obrigações cambiárias e à obrigação de indenizar (em que todos os envolvidos têm os seus patrimônios submetidos à reparação do dano). Com isso, tanto no corpo da codificação vigente como em leis especiais a norma da solidariedade pode existir a jungir várias pessoas à satisfação do débito.

40. Disciplina legal

A disciplina legal da espécie consta de algumas regras de caráter geral e outras referentes às duas modalidades de solidariedade: a ativa e a passiva.

De início, estipula a codificação vigente que a solidariedade não se presume, pois resulta da lei ou da vontade das partes (art. 265), definindo-a como aquela em que existe, na mesma obrigação, concorrência de credores ou de devedores, com direito, ou com obrigação, sobre o débito todo (art. 264). Na *solutio*, não se permite, portanto, o fracionamento.

Comporta essa figura elementos acidentais em qualquer das posições (como a condição, ou o termo), de sorte que pode ser pura e simples para um dos co-credores ou co-devedores, e condicional, ou a prazo, ou pagável em lugar diferente, para o outro (art. 266).

Compatível com as demais obrigações, a solidariedade mais comum é a de devedores, dentro da noção de reforço que a submissão de vários patrimônios a um mesmo débito possibilita, mesmo se divisível a *res*.

São reguladas separadamente as duas espécies, embora exista um núcleo normativo comum, preocupando-se mais o legislador com a solidariedade passiva, dada a larga aplicação que possui em vários campos de relações privadas.

41. A solidariedade ativa

Referentemente à solidariedade ativa, estipula-se que cada um dos credores solidários tem direito a exigir do devedor o cumprimento da prestação por inteiro (arts. 267 e segs.). Mas, enquanto algum dos credores não demandar o devedor comum, poderá este pagar a qualquer daqueles (art. 268). Com isso, existe na espécie unidade de execução, ou de pagamento, possível este antes do ajuizamento da ação competente.

Como corolário natural da obrigação em tela, o pagamento feito a um dos credores solidários extingue a dívida até o montante do que foi pago (art. 269). Pode, ademais, qualquer dos credores tomar providências de defesa dos direitos creditícios.

Mas o princípio rompe-se, para os herdeiros dos credores, com o seu falecimento, prevendo-se que, com a morte de um deles, cada sucessor tem direito a exigir a cota do crédito correspondente ao seu quinhão, a menos que a obrigação seja indivisível (art. 270). Observa-se, assim, a possibilidade de coexistência das duas exceções em uma obrigação: a da solidariedade e a da indivisibilidade, como elemento mantenedor da exigibilidade do conjunto.

A extinção da obrigação faz fenecer a solidariedade, cabendo, no entanto, ao credor que participar da causa a responsabilidade quanto aos demais pela parte a que tenham direito (art. 272). Assim, recebido o pagamento, ou remitida a dívida, o interessado deve propiciar aos demais a satisfação de seus direitos, compreendendo-se, nesse contexto, qualquer modo de extinção da dívida (novação, compensação etc.), dentro do princípio da comunidade de interesses.

A um dos credores solidários não pode o devedor opor as exceções pessoais oponíveis aos outros (art. 273). O julgamento contrário a um dos credores solidários não atinge os demais; o julgamento favorável aproveita-lhes, a menos que se funde em exceção pessoal ao credor que o obteve (art. 274).

42. A solidariedade passiva

Na solidariedade passiva, o credor tem direito a exigir e a receber de um ou de alguns dos devedores a dívida comum, parcial ou totalmente, continuando, no primeiro caso, vinculados pelo saldo todos os demais coobrigados (art. 275). Permite-se também a distribuição *pro rata* entre os devedores, ficando sempre a critério do credor a escolha. Cada devedor responde, pois, em regra, pela totalidade do débito, como se fora único, e à escolha do credor.

Rompe-se a vinculação com a morte de um dos devedores, ficando cada herdeiro obrigado a pagar apenas a cota correspondente a seu quinhão, salvo quando indivisível a obrigação – a exemplo do previsto para os credores –, mas todos reunidos serão considerados como um devedor solidário em relação aos demais devedores (art. 276). Trata-se de norma que se acha em simetria com a da solidariedade ativa.

Já isso não ocorre com as questões do perdão da dívida e do pagamento parcial, em que se estabelece norma diversa da dos credores. Assim, não aproveitam aos demais esses fatores, senão até a concorrência da quantia paga ou remetida (art. 277). Da mesma forma, ainda em consonância com a nossa codificação, qualquer cláusula, condição ou obrigação adicional firmada entre um dos devedores e o credor não pode agravar a situação dos demais, a menos que com isso concordem (art. 278).

No caso de impossibilidade da prestação, a regra é a da exoneração, se por caso fortuito. Mas, se por culpa de um dos devedores, subsiste para todos o dever de pagar o equivalente, respondendo, no entanto, por perdas e danos apenas o culpado (art. 279).

O credor pode acionar, como anotamos, qualquer dos devedores, em razão de sua própria conveniência e, propondo a ação contra um, não fica proibido de voltar-se contra os demais (art. 275, parágrafo único), arcando todos os devedores, no entanto, pelos juros de mora (art. 280). O culpado responde então pelo acréscimo perante os demais. Além disso, deve-se anotar que o devedor acionado pode opor ao credor as exceções pessoais e as comuns a todos, mas não lhe aproveitam as de caráter pessoal de outro devedor (art. 281). Pode haver chamamento dos solidários ao processo (CPC, art. 77, inc. III) e o recurso interposto aproveita aos demais (art. 509, parágrafo único).

Além da referida renúncia à dívida, é possível ao credor a renúncia à solidariedade, em favor de um, algum ou todos os coobrigados. Ora, ocorrendo exoneração de um ou de alguns, abate-se do débito a parte correspondente aos devedores que perdoam (art. 282).

Efetuado o pagamento, o devedor tem o direito de exigir, a cada um dos demais, a sua cota, dividindo-se a do insolvente, quando houver, igualmente por todos. No sistema vigente, presumem-se iguais, quanto ao débito, as partes de todos os coobrigados (art. 283). Mas também os exonerados da solidariedade pelo credor devem ingressar no rateio, entre os co-devedores, da parte que cabia ao insolvente (art. 284). Por fim, quando a dívida solidária interessa exclusivamente a um dos devedores (como na fiança pode ocorrer), responde ele pelo total perante aquele que a saldar (art. 285).

Capítulo XIV

OUTRAS MODALIDADES DE OBRIGAÇÕES

SUMÁRIO: 43. *Observações preambulares.* 44. *As obrigações líquidas e ilíquidas.* 45. *As obrigações principais e acessórias.* 46. *As obrigações de meio, de resultado e de garantia.* 47. *As obrigações condicionais, modais e a termo.*

43. Observações preambulares

Diferentes modalidades de obrigações subsistem, conforme vimos analisando, em razão de perspectivas várias sob as quais podem ser enfocadas: quanto ao sujeito, ao objeto, ao vínculo e outros.

O relevo do debate reside exatamente nos efeitos que produzem as diversas espécies, as quais podem, ademais, combinar-se dentro da regra da compatibilidade, gerando outras tantas posições no complexo tecido obrigacional.

Traçadas as linhas gerais das classificações e versadas as mais importantes, há que se deter em outras divisões, ainda sob a mesma égide, com destaque para as de uso mais freqüente, como as referentes à liquidez, à relação de reciprocidade, ao conteúdo e às condições que as cercam. Assim, com relação à liquidez, têm-se as obrigações líquidas e ilíquidas; com respeito ao vínculo de reciprocidade, as principais e acessórias; com relação ao conteúdo, as de meio, de resultado e de garantia; e quanto à inserção de elementos acidentais, condicionais, modais e a termo.

Posição especial na teoria obrigacional merece a cláusula penal (CC, arts. 408 e segs.) – pacto acessório deサncionamento, que se insere em contratos ou em testamentos –, eis que se relaciona diretamente à questão do inadimplemento da obrigação, onde entendemos deva ter a sua sede.

44. As obrigações líquidas e ilíquidas

Em consonância com o modo de ser, um dos critérios de divisão é o referente à liquidez do objeto. Diz-se líquida a obrigação certa quanto à existência e determinada quanto ao objeto. Ilíquida é, ao revés, aquela incerta quando ao objeto, ou ao valor, dependendo sua complementação de procedimento posterior (denominado liquidação, que pode ser legal, judicial ou convencional).

As diferenças básicas entre as duas modalidades são as seguintes: as líquidas permitem a cobrança por execução (CPC, art. 586), pois não requerem apuração prévia e comportam extinção por mecanismos indiretos de solução (como a compensação e a imputação). Além disso, o inadimplemento constitui o devedor em mora no seu termo; não havendo prazo, cumpre notificar-se o devedor. Já as ilíquidas dependem de prévio processo de conhecimento; não admitem as formas de extinção citadas, nem a consignação em pagamento, cabendo efetivar-se a sua liquidação, com a qual se define o valor, para efeito de cumprimento. Também não se pode cogitar de mora de pleno direito em caso de iliquidez, dentre outras peculiaridades.

45. As obrigações principais e acessórias

Em função de sua posição em relações recíprocas, as obrigações podem ser principais ou acessórias. Principais são as que têm vida autônoma, ou independentes de outras. Acessórias são as que se ligam a outras, desde a sua constituição, ou posteriormente.

Na primeira espécie podem encartar-se todas as obrigações suscetíveis de existência própria (assim, por exemplo, as integrantes de compra e venda; de locação; de mandato; de depósito e de outros negócios jurídicos). Na segunda estão as que se vinculam às principais, normalmente, com complementos, ou com garantias (como as cláusulas de juros; de caráter penal; de irrevogabilidade; de irretratabilidade; a de responsabilidade por vícios; a de fiança etc.).

Decorrentes da lei, ou de ajuste entre as partes, as cláusulas acessórias são de grande uso no meio negocial, ocupando, praticamente, espaço em todos os contratos privados (e mesmo públicos), figurando também como tal certas avenças autônomas (como o seguro em relação ao transporte).

No entrelaçamento entre essas obrigações, prospera o princípio geral de que o acessório segue o principal e, em razão disso, os efeitos mais importantes são: a transmissão da obrigação importa na de seus acessórios (juros ou garantias, por exemplo); a prescrição da principal atinge a acessória; a extinção da obrigação principal produz a da acessória; a nulidade da principal afeta a acessória, salvo quando a lei disponha em contrário (como na fiança). Mas os fenômenos da ineficácia, da prescrição e da extinção da acessória não produzem o mesmo reflexo na principal.

46. As obrigações de meio, de resultado e de garantia

Com referência ao conteúdo, as obrigações são de meio, de resultado e de garantia. De meio é a obrigação em que o devedor se compromete a aplicar a sua atividade e a sua diligência na prestação de serviço para obter determinado fim, sem, no entanto, a este prender-se. De resultado, ao revés, é aquela em que o devedor se vincula à consecução do resultado (assim, na primeira hipótese, acham-se, por exemplo, as obrigações profissionais assumidas por médicos, ou advogados, que não estão jungidos a conseguir a cura do doente, ou o ganho da demanda, respectivamente). De garantia é aquela que se destina a propiciar maior segurança ao credor, ou eliminar risco existente em sua posição (como a de seguro, a de fiança, a de responsabilidade por evicção, ou por vício redibitório, nas quais se realça a responsabilidade do devedor, mesmo nos casos de força maior, ou de caso fortuito, dada a sua natureza).

Com respeito às duas primeiras, a nota principal de distanciamento encontra-se nos efeitos do inadimplemento, em que se deve distinguir a participação volitiva do agente. Na obrigação de meio, em que se propõe a desenvolver a sua atividade e as suas habilidades para o alcance do objetivo do credor – e não a obter o resultado –, o inadimplemento somente acarreta o sancionamento do profissional ante a prova de que agiu culposamente, que ao credor cabe realizar. Na de resultado, em que o objetivo final é da essência do ajuste, somente mediante prova – que lhe compete fazer – de que não houve culpa pode o devedor exonerar-se na hipótese de não atingir o fim. Cabe-lhe provar que a não-consecução do resultado foi motivada por força maior, ou por caso fortuito (como nos contratos de operação estética, de transporte, e de conserto ou de reparação de veículo).

Na última, observada a sua condição de acessoriedade, deve-se registrar que não elide a responsabilidade do devedor a realização do risco, mesmo causada por fatores exógenos, diante do respectivo conteúdo (assim, na indenização de sinistro, na existência de evicção etc.).

47. As obrigações condicionais, modais e a termo

Em razão de elementos acidentais que podem acompanhar os negócios jurídicos, consistentes em estipulações que modificam um ou alguns de seus efeitos normais (condição, modo ou termo), as obrigações distribuem-se entre condicionais, modais e a termo.

Inseridas pelas partes nos contratos e em declarações unilaterais, imprimem alterações às obrigações, dizendo-se condicionais aquelas que se subordinam a fatos futuros e incertos (ou condições); modais, as sujeitas a encargo; e a termo, as dependentes de evento certo (assim, aquelas cuja eficácia se vincule a um evento a acontecer; as submetidas a um ônus e as sujeitas a realização em certa data, ou prazo) (CC, arts. 121 e segs.).

Na obrigação modal, existe ônus imposto à pessoa favorecida, por meio de cláusula acessória, e consistente em fazer ou não fazer algo (assim, ao beneficiado com uma liberalidade, a de edificar no bem doado). Subordinando a eficiência do negócio, impõe-se também ao interessado, que o deve satisfazer, sob pena de afetar-se o relacionamento jurídico.

Trata-se de outra cláusula acessória, normalmente inserida em negócios de mera disposição (como a doação), e que lhes imprime feição diversa.

Na obrigação a termo (data em que se inicia ou se esvai a eficácia do negócio), as partes sujeitam os seus efeitos a um fato futuro e certo. O termo pode ser inicial ou suspensivo (*dies a quo*), e final, ou resolutivo (*ad quem*), conforme se refira ao momento inicial de validade ou à cessação dos efeitos do negócio. Pode ainda ser certo, ou incerto (quando haja definição de data ou de prazo, de um lado, ou seja indeterminado, de outro).

O implemento do termo acarreta, pois, início de produção de efeitos, ou determinação, conforme o caso, sendo comum a sua instituição a delimitar no tempo a atuação dos interessados em várias relações negociais possíveis.

Capítulo XV

A TRANSMISSÃO DAS OBRIGAÇÕES

SUMÁRIO: 48. *Contornos da transmissão.* 49. *A cessão de crédito.* 50. *A assunção de dívida.*

48. Contornos da transmissão

O dinamismo das relações negociais, na busca constante da satisfação de interesses vários de ordem patrimonial, permite a intensa circulação de créditos que caracteriza o mundo atual. Assim, o comércio jurídico possibilita às obrigações mutações freqüentes, substituindo-se as partes em sua composição original, ou mesmo o seu objeto, com inúmeros e diferentes reflexos no direito (modificações subjetivas ou objetivas das obrigações).

A modificação dos sujeitos na obrigação possibilita a integração ao vínculo de pessoas diversas daquelas que participaram em seu nascimento, sem afetar-se a sua essência. Substituem-se, pois, posições, remanescendo intacto o elo obrigacional, de sorte que o sucessor (cessionário) se investe nos direitos ou nos deveres de seu antecessor (cedente). Quando se opera no pólo ativo, a sucessão diz-se cessão de crédito e, no pólo passivo, assunção de débito, perfazendo-se a operação por via de contrato, a título oneroso ou gratuito, entre os interessados (pessoas vivas, no plano obrigacional, pois a sucessão pode decorrer de morte, mas subordina-se a outro campo do direito civil, o do direito das sucessões).

A identidade nas posições sucedidas é a tônica da cessão (denominação genérica que também se dá ao fenômeno), exercendo, assim, o sucessor os poderes ou os deveres decorrentes da respectiva situação (credor, ou devedor).

Isso propicia a rápida e expedita circulação de riquezas que as exigências da economia moderna impõem, ocupando os interessados, eis que o crédito possui valor econômico, as situações ativas ou passivas a que se integrem, sem necessidade de negociações outras que a da simples transmissão (do título, nas cambiárias, a qual se perfaz mediante entrega, ou endosso, ou registro, conforme seja ao portador, ou nominativo; ou do contrato, ou da obrigação, nas comuns, por meio de documento, ou de instrumento próprio, conforme o caso).

Assim, o fenômeno da transmissão de obrigações (ou sucessão) situa-se, no mundo jurídico, na linha das modificações subjetivas, caracterizando-se, quando outras alterações ocorram com o sujeito, ou com o objeto, outras figuras, como a novação e a sub-rogação, que são modos de extinção das obrigações. Já a cessão de crédito e a assunção do débito deixam intacta a obrigação, passando o sucessor a integrar o vínculo com os respectivos direitos, ou deveres, daí, os regimes próprios de cada qual. Aceitam-se, pois, inalterado o vínculo, mutações nos elementos pessoal (dos sujeitos), material (na quantidade, ou conteúdo) e causal (no título da dívida), submetidas a regência jurídica própria.

Registre-se, outrossim, que a temática da cessão de crédito ou de assunção de débito encontra no elemento moral o seu limite, de sorte que, em negócios que envolvam direitos personalíssimos, se deve atentar para os óbices próprios (assim, no âmbito dos direitos da personalidade e dos direitos autorais), revestindo-se de conotações especiais, pois, eventuais possíveis mutações subjetivas, ou objetivas (uma vez que prosperam nessas áreas as regras da intransmissibilidade e da indisponibilidade, com poucos temperamentos, como salientamos nos livros citados).

A anterior codificação cuidava apenas da matéria de cessão de crédito e em título próprio (art. 1.065), após haver disciplinado os modos de extinção da obrigação. O novo Código situa mais adequadamente essa problemática, sob a epígrafe de transmissão das obrigações (arts. 286 e segs.), regulando inclusive a assunção de débito (ou cessão passiva).

Assinale-se, por fim, que é admitida ainda a cessão de contrato, em que cada parte pode transferir a outrem toda a sua posição negocial na avença (ou seja, todo o conjunto de direitos e de obrigações) – matéria que se insere, pois, no âmbito do direito dos contratos.

49. A cessão de crédito

Como bem dotado de valor econômico, o crédito é cessível, permitindo, portanto, a circulação da obrigação normalmente até o respectivo vencimento.

Assim, as operações realizadas com obrigações constituídas demonstram que podem elas sofrer vicissitudes várias em razão da respectiva disposição. Ao visar à substituição do sujeito ativo, a mutação denomina-se cessão de crédito, passando, pois, outra pessoa a ocupar a posição do credor, que lhe transfere os direitos correspondentes.

Realizável a título oneroso ou gratuito, a cessão de crédito pressupõe a prévia observância dos requisitos exigíveis a qualquer negócio jurídico, quanto às partes, ao objeto e à forma. O crédito pode ser total ou parcialmente negociado, constituindo-se a operação por meio de contrato, ou documento hábil, nas obrigações comuns. Não se requer o consentimento do devedor da obrigação – que deve depois ser cientificado da situação –, efetivando-se, salvo convenção contrária, com todos os acessórios (juros, garantias). O vínculo persiste com o novo titular. Pode a cessão ser convencional, decorrer da lei ou de sentença judicial (como na cessão dos acessórios, na sub-rogação legal, no suprimento judicial da vontade do interessado).

Outrossim, há pessoas que não estão legitimadas, em razão de sua condição, a participar de cessão de crédito, como os tutores, testamenteiros, administradores, ou seja, pessoas que atuem com bens ou com créditos alheios.

Em consonância com o regime aplicável à espécie, pode o credor ceder o crédito, se a tanto não se opuser a natureza da obrigação, a lei, ou o contrato firmado com o devedor (art. 286). Importante em alienação do crédito, há que se analisar, de início, a sua natureza, a fim de verificar-se se é possível, pois há casos de intransmissibilidade, de irrenunciabilidade e de indisponibilidade, como os créditos de alimentos, pensões, enfim, os de cunho personalíssimo. Também a lei exclui certos créditos, ou da vontade das partes pode advir o óbice (como, por exemplo, os de direitos personalíssimos de autor: Lei nº 9.610/98, art. 49, inc. I).

A cessão, que compreende os acessórios (art. 287), salvo disposição em contrário, deve constar de instrumento público ou particular, revestido das formalidades legais, para valer contra terceiros (art. 288), fazendo-se as inscrições próprias, quando for o caso (art. 289: como a de crédito hipotecário, a de direitos autorais, Lei nº 9.610/98, art. 50 e parágrafos).

Entre as partes e salvo exigência legal, a cessão não exige solenidades, mas deve ser comunicada ao devedor para produzir efeitos em relação à sua pessoa (art. 290), considerando-se suficiente, para tanto, a declaração do interessado em documento público ou particular. A comunicação se perfaz por meio de notificação, que pode ser extrajudicial, não se cogitando dela, no entanto, para os títulos de crédito, transmissíveis por endosso ou por entrega.

Ocorrendo várias cessões do mesmo crédito, prevalece a que se completar com a tradição do título respectivo (art. 291): a posse legitima a situação do cessionário, ficando os demais com direito a perdas e danos.

Outrossim, considera-se desobrigado o devedor que, antes de ter conhecimento da cessão, paga ao credor primitivo, ou que, na hipótese de mais de uma cessão notificada, paga ao cessionário, que lhe apresenta o título da obrigação cedida com o da cessão (art. 292). Com isso, praticado de boa-fé o ato, exonera-se o devedor, pois a cessão não era, para ele, existente, enquanto, no caso de várias cessões, o direito é daquele que esteja de posse do título de transferência do crédito. Ajunte-se que, independentemente do conhecimento da cessão pelo devedor, pode o cessionário exercer os atos conservatórios do direito cedido (CC, art. 293).

Na defesa do devedor, permite o Código que oponha, ao cedente e ao cessionário, as exceções que lhe competirem no momento em que notificado da cessão, sendo-lhe vedada, no entanto, a oposição ao cessionário de boa-fé da simulação do cedente (art. 294). Isso significa que as exceções não se alteram com a cessão, condenando-se, outrossim, a simulação de má-fé.

Na garantia do cessionário, estipula que, em caso de cessão gratuita, responde o cedente se tiver procedido de má-fé; na cessão a título oneroso, fica responsável pela existência do crédito ao tempo da operação (art. 295). Assim, nesse caso, se não existir o crédito, ou for de terceiro, ou viciado, responderá o cedente, pois terá recebido o valor correspondente e, na hipótese de liberalidade, somente por dolo é que arcará com as conseqüências. Mas, de outro lado, o cedente não responde pela solvência do devedor (art. 296), ou seja, não lhe compete suportar ônus correspondente à capacidade econômica da outra parte, salvo se assim se convencionar. Nesse último caso, sua responsabilidade limita-se àquilo que recebeu e aos juros correspondentes, bem como a ressarcimento das despesas de cessão e das que o cessionário fizer para a cobrança (art. 297).

Outrossim, penhorado o crédito, estabelece que não pode mais ser transferido pelo credor que tiver conhecimento da penhora; mas o devedor que o saldar, dela não tendo sido notificado, fica exonerado, permanecendo os direitos de terceiro somente contra o credor (art. 298).

Lembre-se, por fim, que alguns créditos são inalienáveis e, portanto, insuscetíveis de cessão, como vimos acentuando a respeito dos direitos de ordem personalíssima (assim os decorrentes de relações familiares, certos direitos reais, como o usufruto etc.).

50. A assunção de dívida

A assunção de dívida vem tornando-se importante instrumento de circulação de créditos e, no âmbito empresarial, mecanismo de solução de problemas de ordem financeira, acionando várias atividades, especialmente na área bancária.

Nesse sentido, obedecido o princípio básico da liberdade de negociação, a assunção de dívida constitui negócio jurídico bilateral, como a cessão, a que se assemelha, em sua estruturação, com certas peculiaridades, captadas pelo novo Código

Civil brasileiro, que lhe dedica algumas normas (arts. 299 e segs.).

Permite-se, com esse negócio, a inserção de terceira pessoa na obrigação, para substituir o devedor, a qual assume a sua posição jurídica, sem que se altere a obrigação, mas sob consentimento expresso do credor. Com isso, necessária se faz, nessa figura, a anuência explícita, ou tácita, do credor, a qual exonera o devedor primitivo, salvo se aquele, à época da assunção, era insolvente e o credor desconhecia o óbice (CC, art. 299). As partes (devedor e cessionário da dívida) podem assinar prazo ao credor para que consinta na operação, considerando-se o seu silêncio como recusa (CC, art. 299, parágrafo único). Outrossim, com a assunção da dívida, são extintas as garantias especiais dadas originariamente ao credor, salvo expressa concordância do devedor primitivo (CC, art. 300).

O fenômeno provoca, de regra, a liberação, mantido o vínculo com o terceiro, com as garantias reais correspondentes, não podendo este, no entanto, suscitar eventuais exceções pessoais do antigo devedor (como, aliás, também ocorre com a cessão de crédito).

A assunção processa-se espontaneamente pelo interessado, ou mediante transferência ajustada com o devedor sob anuência do credor. Na primeira hipótese, tem-se a expromissão, o interessado e o credor convencionam a assunção, sem a participação do devedor, admitindo-se duas modalidades: a liberatória, que desvincula o devedor originário, e a cumulativa, em que o terceiro ingressa como solidário ao devedor, reforçando a garantia do credor. Na segunda, tem-se a delegação, em que o cedente (ou delegante) transfere a dívida a outrem (delegado), mediante acordo, com aquiescência do credor (delegatário), também com duas modalidades: a privativa, com a exoneração do delegante, e a simples, quando se acresce ao vínculo a posição do terceiro, que deverá, no entanto, ser chamado a saldar apenas se o devedor não cumprir a obrigação (pois não há, nesse caso, solidariedade).

De outro lado, consoante o novel regramento, com a anulação da operação de substituição, restaura-se o débito, com todas as suas garantias, mas não as prestadas por terceiro, exceto se este conhecia o vício que comprometia a obrigação (CC, art. 301).

Por fim, completando-se o sistema, deve-se anotar que o novo devedor não pode opor ao credor as exceções pessoais que cabiam ao devedor primitivo e, em caso de hipoteca, o adquirente do imóvel pode assumir o pagamento do crédito garantido, que fica entendido como consentido pelo credor, se, notificado este, não a impugnar dentro de um mês (CC, arts. 302 e 303).

Capítulo XVI

A EXTINÇÃO DAS OBRIGAÇÕES

SUMÁRIO: 51. *Considerações preliminares.* 52. *Os modos de extinção.*

51. Considerações preliminares

Contraída a obrigação, surge para o sujeito passivo o dever de prestar e, para o credor, o direito de exigir, uma vez que o seu efeito principal é o de satisfazer aos interesses que envolve. Mas a temática dos efeitos não se restringe aos modos de extinção das obrigações, compreendendo também as conseqüências do inadimplemento. Ademais, a extinção da obrigação pode dar-se com, ou sem, cumprimento e este ser obtido compulsoriamente em juízo, daí por que efeitos indiretos são conferidos pela lei ao credor para obter a consecução da prestação, ou a indenização por perdas e danos.

Com isso, tem-se que a extinção pode ocorrer por execução (adimplemento, ou cumprimento voluntário), ou não. No primeiro caso, realiza-se o cumprimento normal da obrigação, observados os prazos e as condições próprias. No último, fenômenos outros acarretam o fim da relação obrigacional por via indireta (execução indireta, extinção sem cumprimento, execução forçada, por força da lei, ou por acordo).

O variado elenco causal que pode interferir na matéria não permite que se esgote, no âmbito obrigacional, a temática em questão, havendo, pois, figuras que se encartam em outros campos do direito civil (como na teoria geral, a temática da prescrição).

Dessa forma, desde o cumprimento (ou pagamento, na linguagem do Código) à inexecução, extensa regulamentação existe a propósito, em que se procura disciplinar os efeitos correspondentes aos vários meios ou modos de extinção das obrigações e suas conseqüências.

Registre-se, a respeito, que diversos termos têm sido empregados para a designação da matéria em debate, mas que, ante a sua restrita acepção, substituímos por extinção (vocábulo de maior espectro do que pagamento, cumprimento, adimplemento, execução, ou *solutio*). Com efeito, o vocábulo pagamento, que se procura corresponder a cumprimento, é, na verdade, meio de cumprimento (que, no entanto, não alcança os casos de liberação do vínculo por outros fatores). A palavra execução apresenta sentido mais amplo, mas também restrito à idéia básica de cumprimento (assim como a de solução). Daí, a preferência pelo vocábulo *extinção,* que, vinculado à própria finalidade da obrigação, constitui a razão mesma de sua existência. De fato, como a obrigação nasce para ser cumprida, tende à extinção, na qual encontra, quando normal, a satisfação dos interesses nela compreendidos.

52. Os modos de extinção

Diversos são os modos de extinção das obrigações, em função da multiplicidade de fatores intervenientes, que, no entanto, podem resumir-se a duas categorias básicas: extinção com cumprimento ou sem cumprimento da prestação. A partir da doutrina, podem-se enumerar, na primeira hipótese, as seguintes situações: extinção por execução normal pelo devedor (modo natural), ou por terceiro, e execução indireta através de meios técnicos (doação, compensação, consignação, remissão etc.). Na segunda, especialmente sob a influência de fatores exógenos, tem-se: a prescrição (perda da ação, que torna natural a obrigação); a impossibilidade da prestação (que esvazia a obrigação); o implemento de condição ou de termo (que a resolve); a força de lei (que prevê a extinção em face de interesses próprios, como a extinção da obrigação de saldar do mutuário do sistema financeiro habitacional com a sua morte); a força de acordo entre as partes (com o distrato).

Verifica-se, pois, que a extinção pode estar relacionada a fatos das partes, a situações naturais ou acidentais, a ações de terceiros, enfim, a causas diversas, sujeitando-se em cada plano a conseqüências próprias.

No âmbito do direito das obrigações, encartam-se as questões referentes ao cumprimento direto (que o Código denomina "pagamento") e ao indireto (consignação, doação, novação etc.), e as relativas ao descumprimento (problemas que no novo Código se incluem nos títulos referentes a "adimplemento e extinção das obrigações", arts. 304 e segs., e "inadimplemento das obrigações", arts. 389 e segs.). Das figuras que acarretam indiretamente a extinção de obrigações, posições especiais ocupam a transação (CC, arts. 840 e segs.) e o compromisso (arts. 851 e segs.), pois, como constituem contratos próprios, vêm sendo inseridos, nos Códigos do século, no direito dos contratos (mas, quanto a esses institutos, no entanto, permanecemos com a posição clássica de inclusão dentre os modos de extinção de obrigações, que, em última análise, constitui a sua função precípua).

Desdobrando-se então as noções *supra*, verifica-se que na extinção com cumprimento a satisfação natural dos interesses em jogo é alcançada pela execução da prestação na forma ajustada. Essa é a tendência natural, competindo ao devedor atuar para que o credor atinja, em sua plenitude, os objetivos visados na vinculação. Assim, a execução direta pelo devedor, nos termos ajustados, é o modo natural, ou normal, de extinção da obrigação.

Mas, em razão da interpelação de elementos outros, estranhos ou mesmo relacionados às partes, pode-se chegar ao cumprimento por modos indiretos, ou por expedientes técnicos, diversos da execução natural. Esses mecanismos, que nas codificações são regulados, representam, portanto, expedientes que o direito aceita, em função do fim da obrigação, possibilitando-se assim a consecução, mesmo não obtida pela via eleita inicialmente, dos objetivos das partes, dentro das idéias de pacificação e de equilíbrio dos interesses envolvidos (são as figuras da consignação, da novação, da compensação, da dação, da remissão e outras).

Segue-se, na inviabilidade de solução natural ou técnica, a execução forçada, disciplinada, como de preceito, no plano do direito processual, na qual o credor chama o devedor em juízo para, sob ordem do magistrado e obedecidas as normas e fórmulas próprias, forçá-lo a honrar a obrigação ou a responder pelas conseqüências do inadimplemento.

Na seqüência natural, o direito obrigacional volta-se para o inadimplemento, definindo os seus contornos e os sancionamentos correspondentes, em que ingressam vários expedientes técnicos de acréscimos, ou de garantia (como a cláusula penal, as arras, os juros etc.). Nesse campo, cuida-se da crise na vida da obrigação, em que se cogita da mora e do descumprimento, suas modalidades e conseqüências. É na teoria da responsabilidade civil que se encontram os elementos de identificação e de sancionamento correspondentes, na qual, ademais, são tratadas também as questões sobre ilícitos de ordem não contratual e outras situações em que a reparação de danos se põe como a solução cabível (como quanto ao abuso de direito).

Saliente-se, por fim, que a impossibilidade da prestação, em função de força maior, ou caso fortuito, e os outros fatores descritos, também operam a extinção de obrigações, mas especialmente em consonância com a teoria geral do direito civil.

Capítulo XVII

O ADIMPLEMENTO DA OBRIGAÇÃO

SUMÁRIO: 53. *Considerações iniciais.* 54. *A execução da prestação.* 55. *Condições de pagamento.* 56. *Os sujeitos do pagamento.* 57. *O objeto e a prova.* 58. *O lugar.* 59. *O tempo.*

53. Considerações iniciais

Destinando-se ao adimplemento, a obrigação encontra sentido na execução direta e exata da prestação – ou seja, na realização pelo devedor no tempo, no modo e nas condições ajustadas à sua consecução e à sua exaustão. Com efeito, o adimplemento constitui, simultaneamente, finalidade e modo de extinção da obrigação.

Regulada que foi sob a epígrafe de "efeitos da obrigação" no Código de 1916 (arts. 928 e segs.), a matéria é hoje versada na atual codificação sob o título de "adimplemento e extinção das obrigações" (arts. 304 e segs.), reduzindo-se, no entanto, a disposições sobre o pagamento, suas especificidades e os demais modos de extinção das obrigações.

Sistematizando-se a problemática em questão, cumpre, de início, assinalar que a obrigação produz efeitos diretos, impondo ao devedor a sua efetivação, e indiretos, que, decorrentes da ordem jurídica, propiciam ao credor os meios necessários à sua realização, ou à obtenção da reparação de danos experimentados. De um lado, atribui ao credor o poder de exigir do devedor o cumprimento no tempo, no lugar e pelo modo devidos, compelindo o devedor à exata execução da prestação, com direito à respectiva quitação. De outro, confere ao credor o direito de demandar o devedor por ações pessoais, caso opere com culpa, podendo este, em contrapartida, defender-se em ações propostas pelo credor, sempre que esteirado em razões legítimas.

Mas, como as disposições legais se limitam, de início, à regulação do pagamento e demais modos de extinção, devem-se extrair de suas regras as orientações cabíveis às demais formas de adimplemento, respeitados, como natural, os respectivos contornos.

Nesse sentido, deve-se realçar que a obrigação produz efeitos entre as partes e seus herdeiros, salvo quando personalíssimas (como as de prestar alimentos; a do locador de serviços; a do mandatário etc.), as quais não passam das pessoas dos sujeitos. Quanto aos herdeiros, a sua responsabilidade não ultrapassa as forças de herança (arts. 1.792 e 1.821).

Pode, outrossim, a pessoa prometer fato de terceiro, obrigando-se juridicamente. Caso este não venha a executá-lo, responderá por perdas e danos (arts. 439 e 440). Trata-se de obrigação de fazer, ou seja, de obter o fato (como a assinatura de um contrato, o pagamento de certa importância, a efetivação de uma obra etc.), que, frustrada, enseja a reparação de prejuízos.

Esclareça-se, por fim, que pagamento corresponde, no sentido das codificações, a adimplemento, ou seja, à concretização da prestação nos termos ajustados. Representa assim o modo natural de extinção das obrigações e meio liberatório do devedor. Em um espectro mais amplo, pode o vocábulo designar a extinção obtida por quaisquer modos (incluídos os indiretos: novação, remissão, consignação etc.). Em uma perspectiva mais restrita, equivale à satisfação de prestação em dinheiro.

Como adimplemento, consubstancia-se, no entanto, na exata entrega da prestação ajustada. É, pois, a ação desenvolvida pelo devedor nos termos predispostos no ato ou no elemento constitutivo da obrigação. Nesse entendimento, é mero fato jurídico, não obstante as várias teorias explicativas que na doutrina se encontram (como ato jurídico, como contrato, como negócio jurídico e fato etc.).

No regime do Código, regulados o pagamento e suas condições, cuida-se da mora, ou atraso no pagamento (arts. 394 e segs.), e do pagamento indevido (arts. 876 e segs.), que ora vêm disciplinados com mais adequação, dentro da teoria do inadimplemento (arts. 389 e segs.) e das fontes de obrigações, dentro dos atos unilaterais (arts. 854 e segs.), respectivamente.

54. A execução da prestação

Considera-se adimplida (ou cumprida, ou paga) a obrigação quando executada a prestação pelo devedor nas condições estipuladas (de tempo, lugar, modo e forma), admitindo-se, em certos casos, no entanto, a inserção de terceiro em sua consecução (art. 304).

O cumprimento da obrigação perfaz-se, pois, com a execução da prestação que constitui seu objeto (dar alguma coisa, fazer ou não fazer algo), em ação que os legisladores chamam de pagamento. Mas somente se considera perfeita a execução, e suscetível de liberar o devedor, quando presentes todos os elementos ajustados pelas partes. Isso significa, como já anotamos, que o credor não é obrigado a aceitar coisa diversa do prometido, ou entregue sob condições diferentes do ajustado. Ao revés, ao devedor cabe agir para a satisfação plena dos interesses do credor.

Como conseqüência, não se admite mais o denominado *beneficium competentiae* (ou *deducto ne egeat*) que os romanos concediam, em certos casos, ao devedor, a fim de que satisfizesse a obrigação sem se privar do necessário ao seu sustento (de pais para filhos, de cônjuges, de soldados, de sócios, de patrões em relação a libertos etc.). Concedia-se, ante a posição do devedor, redução do débito, para poupar-lhe sacrifício maior.

Atualmente, o princípio básico em matéria de responsabilidade é o da responsabilidade integral, ficando todos os bens do devedor vinculados ao cumprimento da obrigação, exceto os declarados absolutamente impenhoráveis pela lei (que formam o mínimo necessário para a sua subsistência ou valores personalíssimos de estima) (CPC, art. 649).

A prestação deve, pois, ser executada por inteiro e em sua identidade, obedecidas as condicionantes de lugar, tempo e modo. A regra é a consecução pelo próprio devedor, podendo, no entanto, intervir terceiro, salvo quando se envolve obrigação de fazer. As condições são as previstas no negócio jurídico correspondente, editadas sob a égide da vontade das partes e observadas, como de preceito, as normas legais cabíveis.

A realização voluntária da prestação representa assim a atuação da relação obrigacional, produzindo a sua extinção e a conseqüente liberação do devedor. Mas, como mecanismo predisposto para a satisfação do interesse do credor, deve concretizar-se à luz dos princípios da boa-fé e da pontualidade. Em consonância com o primeiro, o devedor deve empregar a diligência e a lealdade necessárias para alcançar o fim visado pelo credor – ou o resultado, conforme o caso – nos termos estipulados. De acordo com o segundo, a obrigação deve ser executada conforme ajustado, não se cogitando de cumprimento parcial, entrega de coisa diversa, mesmo mais valiosa, substituição de dinheiro por título, adoção de outra ação de fazer, ou quaisquer variações ou derivações. Desse modo, a prestação deve ser executada de sorte a permitir ao credor o alcance de seus objetivos, entregando-se-lhe o bem ou o serviço visado.

55. Condições de pagamento

Mas para que possa produzir os efeitos de direito – liberação do devedor, direito à quitação, satisfação do interesse do credor e extinção da obrigação – a concretização da prestação deve perfazer-se consoante requisitos próprios, que a codificação exige ao pagamento, e ligados aos elementos subjetivo, temporal, local e modal.

Com efeito, revestindo-se o pagamento de força liberatória e gerando para o devedor o direito à quitação, para a sua perfeita realização devem concorrer inúmeras exigências de ordem legal e convencional, dentro das noções de: existência de vínculo obrigacional; intenção de solver (*animus solvendi*); satisfação exata da prestação e presença das partes.

Com referência ao vínculo, deve existir relação jurídica, gerada em razão da ordem vigente que autorize a realização do pagamento. Vale dizer: deve tratar-se de pagamento devido (eis que o indevido produz enriquecimento ilícito, vedado e sancionado pelo direito).

Relativamente à intenção, deve o *solvens* (devedor) agir em consonância com o espírito de prestar ou de desincumbir-se do dever assumido, realizando a prestação combinada.

A exata concretização da prestação deve atender às regras referidas: entrega da *res* devida, por inteiro, e observadas as condicionantes de tempo, lugar e modo.

A presença das partes complementa o rol dos seguintes, estando a respectiva ação (tanto do devedor como do credor) subordinada a certas regras que aperfeiçoam a ação de cumprimento, envolvendo inclusive a integração de terceiro, dividido em interessado e não interessado (CC, arts. 304 e segs.), com diferentes reflexos jurídicos e sempre à luz da capacidade das pessoas.

56. Os sujeitos do pagamento

Na ação de pagamento devem estar presentes as partes originárias da obrigação, por si, ou por meio de representantes, ou prepostos. Mas as codificações permitem também, como anotamos, a atuação de terceiro, salvo quando personalíssima ou contratada *intuitu personae*, distinguindo-se as situações daqueles em: interessado e não interessado e, deste, em pagamento feito em nome e por conta do devedor e pagamento realizado em seu próprio nome.

De início, sob o aspecto de quem solve, deve-se assinalar que com o pagamento realizado pelo devedor (*solvens*) – necessário com sua própria atuação, nas obrigações citadas – produz-se a sua liberação e a extinção definitiva da obrigação.

Com a efetivação do terceiro interessado (como o fiador, o herdeiro, outro credor do devedor etc.), opera-se a extinção do débito apenas quanto ao credor (*accipiens*), sub-rogando-se aquele em seus direitos junto ao devedor (arts. 304 e 346, inc. II). O credor originário não pode oferecer oposição ao pagamento, eis que dispõe o interessado de ações para a sua efetivação, inclusive a consignação (art. 304).

Com a realização por terceiro não interessado (arts. 304, parágrafo único, e 305) – ou seja, pessoa não relacionada à obrigação entre credor e devedor (nem indiretamente) –, há que se distinguir o respectivo modo de atuação: se em nome e por conta do devedor, ou em seu próprio nome. No primeiro caso, pode tratar-se de liberalidade, ou de ação como gesto, reembolsando-se no último da quantia que pagou. O credor também não pode, salvo os casos indicados, recusar a prestação – eis que útil a ação e coerente com o fim da obrigação –, cabendo ao terceiro valer-se de meios conducentes à exoneração do devedor. Aliás, na última hipótese, não há sub-rogação nos direitos do credor, mas apenas reembolso por via da ação *in rem verso*, a fim de evitar-se que o terceiro possa valer-se de expedientes vexatórios contra o devedor ao saldar a dívida (art. 305). Outrossim, se o terceiro não interessado pagar, antes de vencida a dívida, só fará jus ao reembolso no vencimento (parágrafo único), exatamente para não onerar mais a situação do devedor – que não solicitou a sua intervenção.

Ainda com relação à intervenção de estranho na obrigação, deve-se anotar que as partes podem estipular a inadmissibilidade de intervenção de terceiro não interessado, de sorte que a eventual ação de algum não libere o devedor. Outrossim, se o terceiro efetuar o pagamento contra a vontade do devedor (*pro invito*), que se opusera com justo motivo, não terá este obrigação senão de reembolso da quantia em que o ato lhe aproveite (art. 306) (dentro da idéia de não se permitir enriquecimento sem causa). Assim, se realizado o ato, eventuais meios de elidir a ação do credor não serão aproveitados pelo estranho, que somente terá a devolução daquilo de que se valeu o devedor (mesmo no caso de pagamento de que foi cientificado depois, se tinha justo motivo para oposição).

Por fim, ante a capacidade especial exigida para certos negócios, dispõe o Código que só será válido o pagamento que importar em transmissão da propriedade quando realizado por pessoa apta a alienar o objeto em que consistiu (art. 307). Com isso, na transmissão de propriedade de bens, o *solvens* deve ser titular do direito real para participar do ato, ou seja, deve estar legitimado para a ação de adimplemento. Mas, se for dada coisa fungível, mesmo que não tivesse o *solvens* o direito de alheá-lo, não se poderá mais reclamar do credor que de boa-fé a recebeu e consumiu (parágrafo único) (casos de ignorância da incapacidade e suposição de recebimento do titular).

Sob o prisma do *accipiens*, cumpre assinalar que o pagamento deve ser realizado ao credor, ou a seu representante (arts. 308 e segs.). Com efeito, também na posição de credor podem estar pessoas outras que não a originariamente vinculada ao devedor, diante dos fenômenos da representação ou da sucessão (contratual, ou hereditária), às quais deve concorrer o requisito da capacidade ou da legitimação para o ato, ante a necessidade de quitação que dele decorre. Daí a existência de credores originários e derivados, revestindo-se o possuidor dessa condição nas obrigações inseridas em títulos ao portador.

Com isso, efetuado o pagamento a incapaz ou a pessoa inapta para dar quitação, somente com a satisfação do credor ou na parte que reverter a seu favor valerá a operação. Desse modo, ante a máxima "quem paga mal, paga duas vezes", cumpre ao devedor certificar-se, de início, se solve a dívida para quem de direito e, depois, sobre a pessoa em condições de recebê-la e dar-lhe quitação (assim, as pessoas incapazes de quitar ou os credores impedidos quanto à recepção, diante de penhora ou impugnação do crédito por outrem) (art. 312). Quanto ao representante, pode ser legal, judicial ou convencional, cabendo-lhe provar a sua condição e os poderes especiais para a quitação.

Observa-se, pois, que a terceiros, qualificados e não qualificados, pode dar-se o pagamento, estabelecendo o Código reflexos diferentes para cada situação, em que considera a condição do estranho e a boa-fé do *solvens*, dando guarida à aparência como instituidora de direitos. Assim, vale o pagamento feito, de boa-fé, a credor putativo (ou aparente), mesmo que depois se prove que não era credor (art. 309). Desse modo, o pagamento a herdeiro, ou a legatário, que se apresentava para o *solvens* como credor, libera-o, desde que de boa-fé, cabendo ao verdadeiro titular do direito reclamar depois do *accipiens*. Outrossim, considera-se autorizado a receber o pagamento o portador da quitação, exceto se as circunstâncias contrariarem essa presunção (art. 311) (caso de mandato tácito, que se elide ante a evidência em contrário). Com referência a pagamento a pessoa incapaz de quitar, declara o Código nulo o ato, salvo se o devedor provar que reverteu em seu proveito o valor (art. 310: como na aquisição de bens, ou em outros meios de ingresso no patrimônio, quando cessam os efeitos da causa invalidadora).

Outrossim, tratando-se de pagamento feito ao credor, depois de penhora do crédito, ou de impugnação oposta por terceiro, o ato não valerá contra estes, que poderão constranger o devedor a saldar de novo o débito, ressalvado o direito de regresso contra o credor (art. 312). Com isso, evita-se que sejam prejudicados os direitos de credores do *accipiens*, sobre cujo patrimônio (incluindo o crédito) têm garantia, mas preserva-se o regresso contra o credor (elidindo-se o locupletamento indevido).

57. O objeto e a prova

O princípio básico quanto ao objeto é o de que o adimplemento deve compreender a prestação convencionada, procedendo-se à execução nos termos assentados. Assim, não se pode dar outra coisa diversa da combinada, mesmo mais valiosa; não se pode cumprir por partes a obrigação e a coisa há de ser entregue em seu estado normal, ou regular, aplicadas, no mais, as regras próprias para cada espécie de obrigação (CC, arts. 313 e segs.).

No regime codificado, algumas orientações básicas são postas. Assim, o pagamento quanto a dívidas em dinheiro deve perfazer-se em espécie, em moeda corrente, admitida a correção monetária (art. 315); quanto a medida ou a peso, há que se observar, no silêncio das partes, os critérios próprios do lugar da execução (art. 326); é lícito convencionar o aumento progressivo de prestações sucessivas (art. 316); quando, por motivos imprevisíveis, sobrevier desproporção manifesta entre o valor da prestação devida e o do momento de sua execução, poderá o juiz corrigi-lo, a pedido da parte, de modo que assegure, quanto possível, o valor real da prestação (art. 317); são nulas as convenções de pagamento em ouro ou em moeda estrangeira, bem como para compensar a diferença entre o valor desta e o da moeda nacional, excetuados os casos previstos na legislação especial (art. 318).

Realizada a prestação, surge para o devedor o direito à quitação (art. 319), materializável em documento no qual o credor atesta o recebimento ou o cumprimento. Constitui a quitação direito do devedor, que a pode exigir ao credor, no ato do adimplemento, sob pena de retenção do pagamento, ou da consignação judicial da prestação, exonerando-se, nesse último caso, o interessado pela sentença do juiz.

A quitação pode ser geral, quando compreender todas as prestações e seus elementos, ou especial, quando se referir a certas prestações ou a certos bens (assim, no contrato de locação é com a entrega das chaves que se procede à quitação de todas as obrigações correspondentes; quando de parte, como a do valor do aluguel, faz-se por meio de recibo).

O documento (ou o escrito) em que se inscreve a quitação representa a prova do adimplemento, liberando o devedor da obrigação; chama-se recibo e deve obedecer aos requisitos previstos na lei, a saber, designação do valor e da espécie do débito; nome do devedor, ou de quem pagou; tempo e lugar do pagamento; assinatura do credor, ou de seu representante (art. 320). Na identificação das pessoas, cumpre indicar-se o respectivo número de inscrição no cadastro do imposto de renda (CIC ou CNPJ).

A prova perfaz-se, nessas hipóteses, por todos os meios possíveis, inclusive testemunhal, observados os limites legais (arts. 212 e 227). Outrossim, consistindo a quitação em devolução do título, perdido este, o devedor poderá exigir, retendo o pagamento, declaração do credor que inutilize o título desaparecido (art. 321). Com isso, evitará o devedor que outrem – ou mesmo o próprio credor – possa intentar depois nova cobrança com o título extraviado, ou sumido.

De outro lado, no pagamento realizado por prestações, ou em cotas periódicas, a quitação da última firma, até prova em contrário, a presunção de solução das anteriores (art. 322). Cuida-se de presunção *iuris tantum* (e não *iuris et de iure*), comportando, pois, prova em contrário, que deve ser incisiva, pois não é comum o recebimento de prestação vincenda antes de outra, a vencida.

Com respeito à quitação do capital, a sua efetivação sem a reserva dos juros induz o respectivo pagamento (art. 323), em outra presunção, que, embora discutível na doutrina, é de índole relativa.

Da mesma natureza é a presunção quanto à entrega (ou tradição) do título nas obrigações em que a quitação com ela se perfaça (obrigações cambiárias). Com efeito, a entrega do título ao devedor presume a quitação (art. 324), admitindo-se prova em contrário ao credor em 60 dias (ou seja, de que não recebeu a prestação).

As despesas do pagamento e da quitação cabem, de regra, ao devedor, também por presunção legal (art. 325). Assim, as despesas de transporte, de pesagem ou de contagem competem ao devedor, mas, conforme o Código, se o credor mudar de domicílio ou morrer, deixando herdeiros em lugares diferentes, por sua conta correrá a despesa acrescida. Anote-se, outrossim, que as despesas judiciais da quitação são imputadas, em face da sucumbência, ao litigante que perder a demanda.

No pagamento em dinheiro sem determinação da espécie, a solução deve efetivar-se, como anotado, em moeda corrente, no lugar do cumprimento da obrigação (art. 315), não se aceitando, pois, sucedâneo (como em títulos). Permite-se, no entanto, a estipulação em moeda estrangeira, em hipóteses especiais previstas na legislação cambiária.

Por fim, em certas situações, a lei impõe registro do instrumento para que valha contra terceiros (como na quitação de compra de automóvel, que deve ser levada a registro público).

58. O lugar

O pagamento deve perpetrar-se, de regra, no domicílio do devedor, salvo se o contrário decorrer de disposição legal, convencional (art. 78), ou da natureza da obrigação (arts. 327 e segs.) (como nas hipóteses de pagamento de cambial, ou de frete, e de execução de obra).

De início, podem as partes fixar o lugar no ajuste firmado e, em havendo mais de um, a escolha compete ao credor (art. 327, parágrafo único). Separa-se, desde logo, todavia, o local do cumprimento, do foro de eleição, este último indicado no contrato para eventuais litígios entre as partes sobre a matéria nele incluída. Prospera, outrossim, a orientação de que o domicílio contratual é o da época da execução da prestação.

Ocorrendo motivo grave para que não se efetue o pagamento no lugar determinado, poderá o devedor fazê-lo em outro, sem prejuízo para o credor (art. 329). O pagamento reiteradamente feito em outro local faz presumir renúncia do credor relativamente ao previsto no contrato (art. 330).

À falta de convenção e em casos especiais expressamente consignados, a lei estabelece a regra do domicílio do devedor, favorecendo-o como parte mais fraca na relação obrigacional. Daí, em princípio, a obrigação é *quérable* (quesível), ou seja, cabe ao credor procurar o devedor para receber a prestação, e não *portable* (portável), ou seja, baseada em procura pelo devedor. Mas podem, em concreto, mudar-se as posições, por convenção entre as partes, de sorte que, normalmente, ao devedor cabe saldar a prestação no domicílio do credor (é a questão da mutação da natureza da obrigação, como renúncia pelo devedor). A importância da distinção relaciona-se à problemática da mora, podendo haver *mora solvendi* (do devedor) ou *accipiendi* (do credor) em função da respectiva iniciativa, para a solução do débito.

Em se tratando de imóveis, a sua tradição opera-se no lugar da situação (*lex rei sitae*), obedecendo à mesma regra as prestações (art. 328), como serviços em terreno, reparações em locação, servidões e outras.

59. O tempo

Quanto ao tempo do pagamento, as disposições básicas são as de que a realização da prestação deve dar-se no vencimento respectivo, não podendo ser exigida antecipadamente. O princípio da época própria governa, pois, a matéria (arts. 331 e segs.), salvo quando exista disposição legal em contrário, e em consonância com a presunção geral favorável ao devedor (art. 133).

Desse modo, inexistindo norma legal ou estipulação de prazo (ou de data), o credor pode pedir de imediato a satisfação da prestação (assim, se concretizável em outro local, ou se depender de tempo, art. 134, ou se consistir em bens futuros, não poderá o credor exercer esse direito, cogitando-se inclusive de fixação pelo juiz se houver litígio).

Nas obrigações condicionais, o cumprimento deve dar-se na data do implemento da condição, cabendo ao credor provar que desse fato foi cientificado o devedor (art. 332).

Nas obrigações cambiárias, o protesto – mecanismo especial de constituição do devedor em mora – pode acarretar vencimento antecipado de outras prestações (como na seqüência de vários títulos).

Além disso, em algumas situações, ao credor assiste o direito de cobrar a dívida antes de vencido o prazo contratual, ou fixado na lei, a saber: se, executado o devedor, se abrir concurso, ou no caso de falência do devedor; se os bens, hipotecados ou empenhados, forem penhorados em execução por outro credor, se cessarem ou se vierem a ser insuficientes as garantias do débito, fidejussórias ou reais, e o devedor se recusar a reforçá-las, depois de intimado (art. 333). Nesses casos, havendo solidariedade passiva, não se reputará vencido o débito quanto aos outros devedores solventes (parágrafo único). Observa-se, em todos, situações de enfraquecimento da posição do devedor, que antecipam o vencimento, permitindo ao credor o exercício de seus direitos.

Pondere-se, por fim, que, a qualquer tempo, pode o credor tomar providências acautelatórias de seus direitos creditórios (como a de anulação de atos fraudatórios praticados pelo devedor).

Capítulo XVIII

OS MODOS INDIRETOS DE ADIMPLEMENTO

SUMÁRIO: 60. *Observações preambulares.* 61. *Os modos admitidos.*

60. Observações preambulares

O pagamento é o modo natural de extinção da obrigação, pois importa na consecução da prestação objetivada pelo credor que, satisfeito em seu intento, possibilita a liberação ao devedor, com a conseqüente quitação.

Com o pagamento, tem-se a consecução direta da obrigação, que se extingue, desatando-se o vínculo jurídico. Mas esse efeito pode ser obtido por via indireta, através de modalidades especiais de pagamento, ou de adimplemento, e de expedientes técnicos do mundo obrigacional, definidos nas codificações.

Atinge-se, portanto, a extinção da obrigação por via direta, ou por via oblíqua, produzindo-se em todas as situações a liberação do devedor e a realização do interesse do credor, mudando-se os termos da obrigação, com a aceitação de coisa diversa, com o acerto de contas, com a admissão da inserção de outra prestação, com o depósito judicial da prestação e com mecanismos outros.

A consecução indireta dos objetivos do credor, ou das partes, conforme o caso, pode ainda ser obtida por via de acordo (na transação), destinado a prevenir ou a extinguir o litígio existente, ou por via de nomeação de árbitros em ajuste próprio (compromisso), produzindo ambos a extinção de obrigações. Mas, como anotamos, essas figuras têm sido incluídas, nos Códigos mais recentes, como fontes de obrigações, dentre os contratos em espécie, ao invés de no plano da extinção de obrigações (como as versam a codificação de 2002, que imprimiu nova sistematização à matéria obrigacional). Não obstante isso, dado o fim precípuo desses ajustes, bem como o da doação e de outros, de extinguir a obrigação – e não de criar, como ocorre normalmente com o contrato –, entendemos preferível versar a matéria dentro dos modos indiretos de pagamento (ou de liberação do devedor).

61. Os modos admitidos

Os modos de extinção de obrigações, em consonância com o regime do Código, são os seguintes: pagamento por consignação (arts. 334 e segs.); pagamento com sub-rogação (arts. 346 e segs.); imputação do pagamento (arts. 352 e segs.); novação (arts. 360 e segs.); compensação (arts. 368 e segs.); transação (arts. 840 e segs.); compromisso (arts. 851 e segs.); confusão (arts. 381 e segs.); e remissão (arts. 385 e segs.).

São meios técnicos, ou causas de extinção de obrigações para além do cumprimento, ou seja, que põem fim, pois, à relação, por força de mecanismos outros que não o adimplemento normal. Dessas modalidades, algumas são modos especiais de pagamento (a consignação, a sub-rogação, a doação, a compensação e a imputação), outras são técnicas ou expedientes de extinção (como a novação, a confusão e a remissão).

Idealizados para a consecução final da prestação, ou o adimplemento da obrigação por outros meios, dentro da utilidade que o ato representa, esses modos indiretos são regulados sempre em função da obtenção do desatamento do vínculo, em situação de equilíbrio entre as partes e tanto quanto possível em condições tendentes a evitar ou a terminar litígios, dentro da noção básica de paz na vida negocial.

Capítulo XIX

O PAGAMENTO EM CONSIGNAÇÃO

SUMÁRIO: 62. *Noções básicas.* 63. *Condições para a consignação.* 64. *Regime jurídico.*

62. Noções básicas

A primeira figura de pagamento indireto é a da consignação, que se realiza mediante depósito judicial do bem, sempre que exista recusa do credor em receber ou impossibilidade de solução diante de fato do credor.

Visa a consignação à liberação do devedor em casos de *mora accipiendi*. Trata-se, pois, de modo indireto de solução, que permite ao devedor honrar o compromisso e orçar o credor a receber a prestação, desvinculando-se da obrigação.

Constituída no direito romano, essa modalidade de pagamento impele o credor a comparecer a juízo para receber a *res*, quitando-se o devedor, caso haja contestação do credor, com a sentença do juiz. Mesclam-se, assim, em seu contexto, conotações de direito material e de direito processual; daí, a sua regulação no Código Civil e Processual (arts. 334 e segs. e 890 e segs., respectivamente). Mas é instituto de direito material, que produz o efeito de pagamento, portanto, é mecanismo indireto de solução de dívida.

Com a consignação, que constitui a entrega da prestação em juízo, com efeito de cumprimento forçado, opera-se a liberação do devedor, realizando-se nos casos definidos em lei (arts. 334 e 335). Constitui, assim, meio técnico de extinção de obrigação em razão do direito do devedor de desvincular-se com a entrega da prestação.

Aplica-se a qualquer obrigação de dar, seja quantia, coisa certa ou incerta, variando apenas o modo de depósito, em função da natureza da prestação.

63. Condições para a consignação

Desse modo, para que haja consignação, é necessária a concorrência de vários pressupostos: que exista obrigação exigível; o credor se recuse a receber a prestação e esteja presente o *animus solvendi*. Assim, deve tratar-se de obrigação líquida e certa, que não comporte discussão; haver falta de aceitação e a intenção do devedor de honrar o compromisso assumido.

Como dispõe de força liberatória, para que tenha força de pagamento, é necessária a concorrência, em relação às pessoas, ao objeto, ao modo e ao tempo, de todos os requisitos que condicionam a validade do pagamento (art. 336) (já assentados), a saber: capacidade das partes; integridade da prestação; observância das condicionantes do modo e do tempo.

Outrossim, para a sua admissão, a lei indica causas próprias, que estão enunciadas no Código e em outras leis, sempre de modo explícito. No regime codificado, são as seguintes as causas enumeradas, referentes ao credor: se, sem justa causa, recusar o recebimento do pagamento, ou der quitação na devida forma; se não for, nem mandar receber a coisa no lugar, tempo e condição devidos; e se for desconhecido, estiver declarado ausente; ou residir em lugar incerto, ou de acesso perigoso, ou difícil. Admite-se também a medida se ocorrer dúvida sobre quem deva legitimamente receber o objeto do pagamento; se houver litígio sobre o objeto do pagamento; ou se este for incapaz de receber o pagamento (art. 335). Por outras palavras, têm-se, nesse elenco causal, os seguintes fatores: *mora accipiendi*, por falta de aceitação ou de quitação adequada; inércia do credor; desconhecimento, ausência ou residência em local de perigoso ou difícil acesso; dúvida sobre o titular do crédito (ou incerteza quanto ao credor); litigiosidade do objeto; incapacidade do credor.

Na ação própria, regulada no estatuto processual, a lide deve concentrar-se no depósito e no debate quanto à recusa, não comportando, portanto, discussões outras, como, por exemplo, em torno da relação contratual, ou sua higidez.

Anote-se, por fim, que a par das situações supradescritas, cabe a consignação em outras hipóteses, previstas expressamente em lei (como no âmbito de loteamento de imóveis, em penhora de crédito, em desapropriação, em insolvência do alienante de imóvel etc.).

64. Regime jurídico

O regime jurídico da consignação conta com normas nos Códigos Civil e de Processo Civil.

Em consonância com o estatuto civil, tem-se como regra básica a do requerimento da ação no lugar do pagamento (art. 337) e, quando se tratar de corpo certo, poderá efetivar-se no lugar em que estiver a coisa (art. 341).

Outrossim, enquanto o credor não declarar que aceita o depósito, ou não o impugnar, poderá o devedor requerer o seu levantamento, pagando as despesas correspondentes, com o que remanescerá a obrigação, para os efeitos de direito (art. 338). Mas, julgada procedente a ação, não mais poderá levantá-lo, mesmo com o consentimento do credor, a menos que concordem os outros devedores e os fiadores (art. 339). Ainda sobre o assunto, dispõe o Código que o credor que, contestada a ação ou aceito o depósito, concordar com o levantamento, perderá a preferência e a garantia que possui em razão da coisa, ficando desobrigados os co-devedores e fiadores que não aquiesceram (art. 340). Em todas essas regras, a preocupação com a questão do levantamento conduz a soluções diferentes em razão do momento processual em que ocorra: antes do pronunciamento do credor, nada obsta ao pedido; mas depois de formada a lide, há que se distinguir se antes da sentença, ou não, prosperando, após esta e com a extinção da obrigação, a perda da garantia e da preferência pelo credor anuente. Discute-se, outrossim, a respeito da natureza do acordo feito após a liberação pela sentença e seus efeitos, mas, em função do respectivo alcance, representa composição obrigacional distinta, pois tem por base dívida já extinta.

O mecanismo processual da consignação (CPC, arts. 891 e segs.) obedece ao seguinte esquema: o devedor pede a citação do credor para levantar o depósito ou oferecer resposta.

O credor pode contestar o depósito, limitando-se a sua defesa às alegações de que: não houve recusa, ou *mora accipiendi*; foi justa a recusa; o depósito não se perfez no prazo ou no lugar do pagamento; o depósito não é integral (CPC, art. 896).

Julgada procedente a ação, extingue-se a obrigação, quitando-se o devedor com a sentença do juiz, que condenará o credor nas custas e nos honorários advocatícios, inclusive na hipótese de o credor comparecer e receber a prestação depositada (CPC, art. 897).

Em caso de improcedência da ação, subsiste a obrigação, sujeitando-se o devedor às sanções cabíveis pelo inadimplemento, eis que se evidencia a *mora solvendi*.

Capítulo XX

O PAGAMENTO COM SUB-ROGAÇÃO

SUMÁRIO: 65. *Considerações preliminares.* 66. *Espécies e significação.* 67. *Disciplina legal.*

65. Considerações preliminares

Instituto peculiar no campo da teoria do pagamento é o da sub-rogação, que possibilita a realização da pretensão do credor, ou a liberação do objeto da prestação, mediante substituição, subsistindo a obrigação para o devedor, ou com novo titular, ou com outra coisa (substituição subjetiva, ou objetiva) (CC, arts. 346 e segs.).

Verifica-se, pois, que a sub-rogação pode ser pessoal ou real. Na primeira, uma outra pessoa toma o lugar do credor, realizando a prestação e passando a investir-se em seus direitos, garantias e privilégios. Na segunda, sub-roga-se outra coisa em lugar da ajustada, a qual passa a integrar a obrigação na mesma condição da substituída.

Essa figura nasceu no direito romano, inspirada na idéia de conferir proteção a terceiro que salda débito alheio e, com isso, evitar enriquecimento ilícito do devedor.

Apresenta o fenômeno da sub-rogação a particularidade de inserir na relação obrigacional um terceiro, mediante a realização do direito do credor que, satisfeito, dela se libera. Na substituição é que reside o elemento anímico do instituto e que o distingue de outros afins, especialmente a cessão. Com efeito, na cessão, por vontade dos interessados, opera-se sucessão, permanecendo, pois, a mesma relação obrigacional.

Na sub-rogação, extingue-se a relação precedente, formando-se com o novo credor, ou a nova coisa, outro vínculo. Com isso, aproxima-se essa figura da novação – outra causa de extinção de obrigação que se perfaz mediante a intencional e espontânea instituição de nova –, mas sem com ela confundir-se, pois lhe falece o espírito próprio, ou seja, a intenção de novar (ou *animus novandi*). Ademais, na sub-rogação existe satisfação do débito por terceiro e nos contornos próprios, enquanto na cessão existe negociação entre os interessados, com preço próprio e transmissão dos direitos correspondentes, nas condições estipuladas pelas partes. Outrossim, enquanto na novação são as partes na relação original que concertam a substituição, com a aquiescência do novo titular, na sub-rogação o vínculo prescinde dessa participação volitiva, mas decorre, de início, da lei e, mesmo quando convencional, inexiste a integração prévia de todas as vontades.

Definido o núcleo da figura, cabe assinalar que pode advir de disposição legal, ou da vontade do credor, ou do devedor, que com o terceiro contratam, isolada e individualmente, a substituição. Ocorre, pois, transferência de direitos do credor para quem realizou a prestação ou emprestou o numerário para a solução; em virtude disso, extingue-se para o credor a obrigação, a ela permanecendo vinculado o devedor, tendo como credor o terceiro.

66. Espécies e significação

Duas são, portanto, as espécies de sub-rogação: legal e convencional (CC, arts. 346 e 347).

A sub-rogação opera-se, de pleno direito, no sistema do Código, em favor: do credor que salda o débito de devedor comum ao credor que tinha direito de preferência; do adquirente do imóvel hipotecado que paga ao credor hipotecário, bem como do terceiro que efetiva o pagamento para não ser privado de direito sobre imóvel; do terceiro interessado que salda a dívida pela qual era ou podia, total ou parcialmente, ser obrigado (art. 346). Observa-se do elenco legal que, na primeira hipótese, o *solvens* é também credor, mas sem preferência, assumindo essa condição ao saldar o débito; na segunda, ao pagar o valor da hipoteca, o adquirente investe-se na posição do credor hipotecário; na última situação podem ingressar o fiador, o devedor solidário, o devedor de obrigação indivisível, que têm interesse na satisfação do débito. Em todos esses casos, a inserção do terceiro resulta da observação de que seu interesse está, exatamente, em alcançar o benefício legal, não se cogitando, portanto, de liberalidade (que, se presente, configuraria simples doação).

Diz-se convencional a sub-rogação: quando o credor, ao receber de terceiro (estranho, nessa espécie) o pagamento, transfere-lhe por expresso todos os seus direitos; ou quando o mutuante entrega ao devedor quantia necessária para o pagamento do débito com a expressa condição de sub-rogar-se nos direitos do credor (art. 347). No primeiro caso, que a nossa codificação entende como modalidade de cessão, embora não fale em alienação do crédito, aplicam-se as regras daquele instituto (art. 348). No segundo, o empréstimo deve ser contratado com o terceiro (sempre estranho à relação) com a expressa cláusula de sub-rogação. Opera-se, no primeiro, a sub-rogação do credor e, no segundo, do devedor, independendo cada qual da manifestação da outra parte. No primeiro, fundado na noção de solução do débito, o credor transfere ao terceiro todos os seus direitos, como na cessão. No segundo, a relação apresenta linhas mais distintas da cessão, valendo-se o terceiro, então, dos direitos do credor apenas até o montante do valor emprestado.

Pondere-se, por derradeiro, que, como se trata de figura especial, apenas nas hipóteses citadas pode ser divisada, não se aceitando extrapolações. Na jurisprudência, vem-se admitindo a sub-rogação em favor do segurador que paga o dano ocorrido à coisa e do interveniente voluntário que salda letra de câmbio.

67. Disciplina legal

A disciplina legal da sub-rogação procura, em razão das diferenças entre as espécies, sublinhar os efeitos correspondentes.

Assim, de início, prescreve a codificação vigente que a sub-rogação transfere ao novo credor todos os direitos, ações, privilégios e garantias do primitivo, em relação à dívida, contra o devedor principal e os fiadores (art. 349).

Mas, na legal, o sub-rogado não poderá exercer os direitos e as ações do credor além da soma que expendeu para liberar o devedor (art. 350), a fim de se evitarem especulações. Aceita-se, no entanto, na convencional, disposição restritiva, em função dos interesses dos envolvidos.

No caso de reembolso parcial ao credor originário, confere-se-lhe preferência em relação ao sub-rogado, para a cobrança da dívida restante, se os bens do devedor não forem suficientes para o pagamento integral (art. 351). Registre-se, a propósito, que a regra não se estende à sub-rogação do credor, a qual está sujeita ao regime da cessão.

Capítulo XXI

A IMPUTAÇÃO DO PAGAMENTO

SUMÁRIO: 68. *Caracterização.* 69. *Ordenação legal.*

68. Caracterização

Outra modalidade peculiar de pagamento é a imputação, que se caracteriza pela possibilidade que tem o devedor, vinculado ao mesmo credor por várias dívidas da mesma natureza, de indicar a qual oferece a realização, desde que líquidas e vencidas. Configura, pois, direito do devedor, que lhe permite liberar-se, *ex lege*, da obrigação correspondente, com a respectiva extinção.

A imputação representa, assim, modalidade de solução de dívida, possível com a reunião dos seguintes requisitos: pluralidade de débitos, que devem ser da mesma índole e revestir-se de liquidez e de certeza, e identidade de sujeitos nas relações, complementando-se com a suficiência do pagamento oferecido para extinção de qualquer dos débitos.

Admitida desde os tempos romanos, a figura objetiva propiciar ao devedor a liberação da dívida, que mais o preocupa, ou a mais onerosa, ou a mais antiga, desobrigando-se com a imputação, que se impõe ao credor, no interesse da satisfação da obrigação. Daí, se não a aceitar o credor, poderá o devedor consignar o pagamento.

Confere o Código, pois, ao devedor a iniciativa, prevendo, à sua falta, a escolha pelo credor e, em última instância, estabelecendo ordem que prosperará à ausência de pronunciamento de ambos (arts. 352 e segs.).

Nada impede, outrossim, ao credor, quanto às demais, a tomada de providências tendentes à sua preservação, ou à sua cobrança.

69. Ordenação legal

Decorre o fenômeno, pois, da lei, mas se o devedor não tomar a iniciativa, ao credor se transfere a opção e, se nenhum a exercitar, prevalecerá a ordem indicada no Código.

Em conseqüência, três são as modalidades de pagamento por imputação: originariamente, por vontade do devedor (art. 352); depois, por manifestação do credor (art. 353), e, por fim, em face da disposição legal, cada qual submetida a regime próprio (art. 355).

Na primeira, observados os requisitos expostos, tem o devedor direito de indicar a qual pretende saldar. De início, devem ser débitos da mesma natureza, vencidos e líquidos, e a prestação deve cobrir integralmente aquele que se pretende cumprir, uma vez que não se admite imputação parcial.

Havendo capital e juros, dispõe a codificação em vigor que o pagamento se imputa primeiro nos juros vencidos, e depois no capital, salvo convenção em contrário das partes ou se o credor der quitação por conta do capital (art. 354). Limita-se assim a disponibilidade inicial do devedor, facultando-se, em seguida, ao credor aceitar a quantia por conta do capital.

Na segunda, ao credor outorga-se a escolha, na qual se estabelece que, aceita pelo devedor a quitação de uma das dívidas, não mais terá direito a reclamar contra a imputação feita pelo credor, salvo se este laborar com violência, ou dolo (art. 353), pois constituem circunstâncias que viciam o ato.

Por fim, inexistindo opção do devedor e não indicando o instrumento de quitação a que dívida se refere, considerar-se-á, por força da lei, imputado o pagamento nas dívidas líquidas e vencidas em primeiro lugar e, caso todas se encontrem no mesmo nível, na mais onerosa (ou seja, submetida a gravames de maior porte, como as que se sujeitem a ônus reais, a juros, em relação às dívidas quirografárias ou às que não vençam juros).

Capítulo XXII

A DAÇÃO EM PAGAMENTO

SUMÁRIO: 70. *Conceituação*. 71. *Regime legal*.

70. Conceituação

Outra maneira indireta de realizar pagamento é a dação, consistente em entregar coisa diversa da ajustada, com o consentimento do credor, substituindo-se, assim, a prestação devida (CC, arts. 356 e segs.).

A dação, que rompe com a regra geral já assentada de que o credor não pode ser obrigado a receber coisa diversa, importa pois em entregar *aliud pro alio*, mas com a anuência do credor, operando-se a extinção da obrigação.

Oriunda do direito romano, e ainda em função da solução do débito, operava-se pela conversão da obrigação em pecúnia para dar coisa certa, sendo ora, no entanto, passível com diferentes modalidades de prestação, como, por exemplo, a de dar, a de ceder crédito, a de prestar, a de entregar título, efetivando-se *pro soluto*.

Produz a extinção definitiva da obrigação, desvinculando o devedor. Representa, pois, negócio liberatório entre o devedor e o credor, que vem a receber coisa diversa – mesmo que diferente o valor – da combinada. Devem, para tanto, concorrer os requisitos necessários, em especial o *animus solvendi*, pressupondo então dívida vencida, diversidade da *res* e anuência do credor.

Discute-se, na doutrina, quanto à natureza da *datio in solutum*, mas as teorias que a aproximam de outros negócios jurídicos, como a compra e venda e a permuta, cedem ante a constatação básica de que se trata de figura peculiar, que objetiva exatamente a extinção de obrigação, e não a constituição de obrigação, efetivando-se, ademais, com a entrega da coisa. Também difere de outro modo de extinção, a novação, uma vez que não há o *animus* próprio de criar obrigação nova, para substituir a anterior, consubstanciando-se, somente, em ajuste tendente a acolher o credor coisa diversa da contratada, liberando-se o devedor e pondo-se fim à relação obrigacional. Por fim, diferencia-se da obrigação facultativa, porque nesta já está prevista, desde o início, a substituição, cabendo apenas ao devedor a efetivação.

Objetiva a dação facilitar o devedor na solução do débito e exatamente em razão da necessidade de satisfação do credor, com o fim conseqüente da obrigação.

71. Regime legal

O regime legal do instituto encontra-se definido em nosso Código, em função do conteúdo respectivo, distinguindo-se a entrega de coisa da transferência de título.

Na dação que envolve entrega de coisa, estipula a codificação vigente que, determinado o preço da coisa, as relações entre as partes serão regidas pelas normas sobre compra e venda (art. 357). Já na que importa em título de crédito, a transferência é considerada cessão (art. 358), sujeitando-se cada qual ao sistema correspondente. No primeiro caso, a fixação do preço aproxima a dação da compra e venda, distanciando-as, no entanto, o efeito extintivo da obrigação que aquela produz. No segundo, a assemelhação à cessão impõe ao negócio as regras correspondentes, já analisadas, de que se destacam a notificação do devedor e a responsabilidade do *solvens* pela existência do crédito.

Outrossim, se o credor for evicto da coisa recebida em pagamento, restabelecer-se-á a obrigação, ficando sem efeito a quitação dada, ressalvados os direitos de terceiros (art. 359). Com isso, se o devedor entregou coisa que lhe não pertencia e que foi retomada pelo titular, desfaz-se o pagamento, respondendo, ademais, aquele pelas conseqüências próprias.

Registre-se, por fim, que, para a consecução de dação, devem estar presentes todos os elementos exigíveis à higidez dos negócios jurídicos em geral, comprometendo-a, portanto, eventuais vícios, fatos impeditivos e outras circunstâncias maculadoras.

Capítulo XXIII

A NOVAÇÃO

SUMÁRIO: 72. *Conceituação.* 73. *Espécies.* 74. *Disciplina.*

72. Conceituação

Outra modalidade de extinção de obrigações é a novação, que se pode conceituar como o ato por meio do qual se constitui nova obrigação para pôr fim à originária. Com a novação, nasce nova obrigação, operando-se, no mesmo ato, *ex lege*, a extinção da anterior (CC, arts. 360 e segs.) (assim, por exemplo, com a conversão de obrigação de dar ou de fazer; de prestar ou constituir renda; de conversão de empréstimo em depósito etc.).

Trata-se de figura existente desde o direito romano, que se concebeu como meio de obter-se transferência de obrigação ante a imutabilidade conceitual de então; mas, com a evolução, em que adquiriu os contornos atuais, a novação opera substituição de obrigações – em face da concepção da circulabilidade da obrigação –, liberando-se a substituída, que desaparece definitivamente e sem cumprimento.

Representa, assim, a novação negócio jurídico liberatório, que produz novo débito, dotado de força extintiva do primitivo (ou seja, o mesmo ato rompe um liame e gera outro). Com isso, distingue-se das demais modalidades com que guarda certos pontos de contato: a sub-rogação e a dação. Na primeira, remanesce a dívida, que se transfere para o novo credor; na segunda, existe a substituição da coisa, que põe cabo à obrigação, mas não de todo, pois a evicção faz renascer o débito anterior;

e, na novação, a dívida extingue-se de modo definitivo, prevalecendo apenas a nova obrigação (como um pagamento ficto).

Assim, esse meio técnico de satisfação dos interesses das partes no mundo obrigacional reveste-se de conotações próprias e específicas, resumindo-se nos seguintes elementos: contração de nova obrigação com a intenção de eliminar a anterior e dotadas, cada qual, de características distintas. Por outras palavras, na substituição de obrigações, na diversidade entre as obrigações e no *animus novandi* encontra a espécie os seus elementos identificadores (art. 360, inc. I).

Mas pode também ocorrer a substituição de uma das partes, na obrigação (art. 360, incs. II e III) e, conforme a doutrina, com os seguintes contornos: com o devedor contraindo novo liame com outro credor e liberando-se do anterior; com o credor renunciando o seu crédito e aceitando a nova vinculação do devedor; e com o novo credor admitindo a promessa do devedor.

Na operação de novação, deve estar sempre presente o *aliquid novi*, que a caracteriza, importando sua ausência em descaracterização da figura (assim, não há novação em situações como as de instituição de novas garantias; concessão de prazo; reforma de título; e redução de preço ou de ônus; mas na entrega de cambial para saldar dívida de dinheiro pode haver novação, tácita, ou expressa, conforme o caso, desde que se ofereçam os requisitos citados).

73. Espécies

A novação pode ser objetiva e subjetiva, conforme se refira à dívida ou às partes na obrigação, subdividindo-se a última em ativa e passiva, consoante se processe a mudança do sujeito ativo ou do sujeito passivo. Comporta a novação subjetiva passiva, por sua vez, duas modalidades: expromissão e delegação.

Na novação objetiva, produz-se a substituição da obrigação (da prestação ou do título). Na novação subjetiva, opera-se a modificação dos sujeitos, quitando-se o devedor. Inclui-se, pois, dentro da fenomenologia das modificações subjetivas das obrigações, mas sob os traços básicos enunciados. Na ativa, substitui-se o credor e, na passiva, intervém novo devedor. Diz-se, na última, que há expromissão quando o devedor é substituído por outro, sem o seu consentimento (solvência do débito sem que o devedor o soubesse, ou o quisesse) (art. 362), e delegação, quando existe acordo, cometendo o devedor a outrem o ato de honrar a dívida (mas para extinguir a primeira relação), com a concordância do credor, que declara liberado o primeiro devedor (delegação perfeita) (art. 360, inc. II).

Não ocorre, pois, novação sem os elementos referidos; assim, inexiste a figura na simples aceitação de cessão e de sub-rogação, na indicação, pelo credor, da pessoa que receberá a prestação; na atuação de terceiro a favor do devedor sem anuência do credor quanto à liberação etc.

74. Disciplina

A disciplina legal do instituto está definida nas codificações como meio de liberação do devedor, prevendo-se as espécies citadas e os efeitos da operação.

De início, ao caracterizá-la, estabelece o Código que ocorre novação quando o devedor contrai com o credor nova dívida, para extinguir e substituir a anterior, quando novo devedor sucede ao antigo, que fica quite com o credor; quando, em obrigação nova, outro credor substitui o anterior, quitando-se com este o devedor (art. 360). Reconhece, pois, as espécies mencionadas, assinalando, outrossim, que a novação por substituição do devedor pode ser realizada independentemente de seu consentimento (art. 362).

No realce ao elemento subjetivo da figura, deve-se anotar que, não havendo ânimo, a segunda obrigação apenas confirma a anterior (art. 364), verificando-se aquele pelos termos do ajuste, ou por expressa assunção em seu contexto.

Como efeito da novação, dá-se a extinção dos acessórios e das garantias da dívida, salvo estipulação em contrário (art. 364).

Contudo, não aproveitará ao credor ressalvar a hipoteca, o penhor ou a anticrese se os bens dados em garantia forem de terceiro que não integrou a novação (art. 364). Mas, com respeito à fiança, a regra é que importa em exoneração do fiador a novação feita, sem seu consentimento, com o devedor principal (art. 366). Ainda quanto a efeitos, assinale-se que se o novo devedor for insolvente, não tem o credor, que o aceitou, ação regressiva contra o anterior, salvo se de má-fé obtida a substituição (art. 363).

No âmbito objetivo, ressalte-se que não podem ser validadas por novação obrigações nulas ou extintas, mas a simplesmente anulável pode ser confirmada (art. 367), operando, pois, a novação como ratificação. Com efeito, há que ser hígida, juridicamente, a obrigação anterior para que exista novação: assim, não cabe esta quanto a dívida prescrita, a dívida natural (muito discutida na doutrina), ou a outra a que falta qualquer elemento essencial. Quanto à dívida natural, poderá contrair-se, depois, obrigação civil, mas distinta, como vínculo originário, e não a título de novação.

Finalizando, cabe assinalar que a doutrina aponta à novação outros efeitos: criação de débito novo, cessação de juros, cessação da mora; perda de exceções resultantes da obrigação anterior; extinção das ações relacionadas à obrigação primitiva.

Capítulo XXIV

A COMPENSAÇÃO

SUMÁRIO: 75. *Observações conceituais.* 76. *Espécies.* 77. *Sistematização legal.*

75. Observações conceituais

Outro mecanismo técnico de extinção de obrigações, ou cumprimento indireto, é a compensação, que consiste na recíproca liberação de obrigações, até a concorrência dos respectivos montantes, de pessoas que, simultaneamente, são devedoras umas das outras. Configura-se em simples encontro de contas, quitando-se as partes até os valores correspondentes e realizando-se com dívidas líquidas, da mesma natureza e de coisas fungíveis (CC, arts. 368 e segs.).

Existente desde os tempos romanos, a figura encontra explicação em regra de eqüidade e de simplificação dos procedimentos de execução de obrigações, resumindo-se, em um só ato, a duas ou mais situações de débito. Procede-se à comparação entre as obrigações e, em havendo saldo, remanescerá devedor o sujeito passivo correspondente. Não havendo, consideram-se quitadas *in totum* ambas as partes, nas obrigações compensadas. O regime permitiu, aliás, a instituição de sistema próprio de cobrança de cheques entre bancos (a compensação bancária), sendo aplicado ainda em outras áreas, em especial no comércio.

A compensação depende, pois, da concorrência das qualidades de credor e devedor nas mesmas pessoas, operando-se a extinção total ou parcial das dívidas, conforme o caso. Sob o aspecto objetivo, devem, outrossim, estar presentes os requisitos próprios: dívidas líquidas, vencidas e homogêneas. Com o expediente em questão, realiza-se, em uma operação de encontro de contas, a liberação dos devedores, com a conseqüente extinção, total ou parcial, das obrigações. Confere, assim, economia de tempo e maior segurança à liquidação de débitos revestidos das condições expostas, salientando-se que, em função da exigibilidade atual, ficam excluídas as dívidas naturais, as pendentes de condição ou de prazo, as contestadas e as já prescritas.

Representa a compensação, portanto, meio especial de extinção de obrigações, que se funda em cumprimento indireto da prestação. Reveste-se de características próprias, não se resumindo, como se entendeu, a pagamento fictício, em face dos requisitos próprios, nem se reduzindo a simples confusão, pois desta difere, uma vez que se conservam todos os componentes da obrigação e de seu objeto (enquanto na confusão desaparece algum dos elementos estruturais da coisa, perdendo-se no contexto de outra).

Produz efeitos, em princípio, *ex lege,* mas pode também ser convencionada ou imposta judicialmente, resultando daí as diferentes espécies admitidas. Outrossim, em razão da natureza legal, não exige, no primeiro caso, capacidade das partes, pois seus resultados se produzem independentemente, nem a desigualdade de valor entre os créditos é obstáculo à sua realização.

76. Espécies

Três são, pois, as espécies de compensação: legal, convencional e judicial. Na primeira, produzem-se os efeitos por força da lei, ou seja, nos termos previstos no Código. Na segunda, é a vontade dos interessados que possibilita a operação (efetivando-se, por exemplo, com dívida líquida mas não exigível). Na terceira, é por força de decisão do juiz que se produz o fenômeno (em casos nos quais a parte demandada alega direito compensável).

Na compensação legal, quando houver resistência, a parte deverá alegá-la em juízo, para o necessário pronunciamento.

Opera efeitos retroativos à época própria, liberando os devedores. Cumpre observar-se os requisitos próprios (fungibilidade, liquidez e exigibilidade), bem como as regras particulares dispostas na codificação, adiante enunciadas.

Na compensação contratual ou convencional, é o acordo entre as partes que estabelece os respectivos contornos, respeitadas sempre as normas de ordem pública, codificadas ou constantes de leis especiais. As partes devem ter condições para transigir e, em se tratando de representantes, poderes próprios para a operação. Podem, por essa via, ser afastados certos requisitos que não interessem às partes.

Na compensação judicial, determinada por sentença do juiz, pode haver a alegação no processo de conhecimento (como reconvenção, por exemplo), ou no de execução, quando decorrente de fato posterior.

77. Sistematização legal

Em consonância com o sistema de nossa codificação, a compensação produz efeitos *ex lege*, mas são definidos certos parâmetros, subjetivos e objetivos, para a sua concretização, com a especificação de várias situações particulares.

De início, declarado o princípio compensatório (art. 368), cumpre assentar que somente pode ser efetivada a operação com dívidas líquidas, vencidas e de coisas fungíveis (art. 369). São, pois, requisitos cumulativos, em cuja inexistência não se permite a compensação. Não haverá compensação, ainda, quando as coisas forem diferentes na qualidade, em razão do exposto no contrato, embora do mesmo gênero (art. 370) (assim, não se compensa café de um tipo com outro).

Nas dívidas não pagáveis no mesmo lugar a compensação não se realiza senão com a dedução das despesas necessárias à operação (art. 378). Ainda quanto ao valor, a compensação entre credor e devedor somente se produz até o limite do débito, mas o fiador pode compensar sua dívida com a de seu credor ao afiançado (art. 371).

São óbices à compensação a renúncia prévia e expressa de um dos devedores; a exclusão, pelas partes, por mútuo acordo (art. 375); na obrigação por terceiro (estipulação por terceiro), a dessa dívida com a que o credor lhe dever (art. 376); o prejuízo a terceiro em sua concretização (art. 380) (pois a compensação é *res inter alios acta*). Incompatíveis com a figura em tela são: as obrigações de fazer infungíveis; as de coisas indeterminadas com escolha pelos credores.

Ao reverso, não constitui impedimento à compensação a existência de prazos de favor, ou concedidos obsequiosamente (art. 372); e a diferença de causa nas dívidas, salvo se proveniente de esbulho, furto, ou roubo, se uma se originar de comodato, depósito ou de alimentos, e se uma for de coisa insuscetível de penhora (art. 373). Os óbices justificam-se em razão de justiça e são referentes à natureza das figuras expostas (como a de alimentos).

Quanto à cessão, o devedor que nada lhe oponha, quando notificado por seu credor (caso de renúncia tácita), não pode argüir contra o cessionário a compensação, que antes contra aquele poderia usar; mas, se não cientificado, terá o direito de oposição (art. 377). Outrossim, na defesa de interesse do terceiro, o devedor que se torne credor do seu credor, depois de penhorado o crédito deste, não pode opor, ao exeqüente, a compensação de que disporia contra o próprio credor (art. 380).

Por fim, sendo a mesma pessoa obrigada por várias dívidas compensáveis, cumpre observar-se, na efetivação da operação, as regras da imputação de pagamento (arts. 379 e 352 e segs.).

Capítulo XXV

A TRANSAÇÃO

SUMÁRIO: 78. *Contornos*. 79. *Caracterização*. 80. *Regime jurídico*.

78. Contornos

De natureza especial, mas em essência voltada à extinção de obrigações, a transação é outro meio indireto de liberação do devedor. Configura-se como negócio jurídico por meio do qual os interessados, mediante concessões mútuas, previnem ou extinguem obrigações duvidosas ou litigiosas. É, pois, contrato com fim e com objeto especial, a saber, a prevenção ou a terminação de demanda entre o credor e o devedor, realizando-se exatamente para efeito de extinção de obrigações (CC, arts. 840 e segs.) e envolvendo direitos disponíveis.

Admitido desde os tempos romanos, funda-se o instituto na necessidade de solução de pendências, entre as partes, seja em sua prevenção, seja em sua cessação, quando em juízo a discussão. Envolve obrigações duvidosas ou contestadas (litigiosas), permitindo o seu equacionamento, sem os riscos de uma demanda judicial, ou exatamente para pôr-lhe fim.

De índole contratual, tem a transação sido inserida nas codificações mais recentes, dentre os contratos em espécie, mas parece-nos que a sua sede deve permanecer entre os modos de extinção, ao lado das outras figuras que comungam de sua natureza, como o compromisso e a dação. Em verdade, os contratos destinam-se, de regra, a criar ou a modificar relações jurídicas, enquanto a transação, ao revés, volta-se, precipuamente, para a extinção de conflitos, e nesse âmbito a enfocaremos, salientando, no entanto, que se lhe aplicam os princípios e as regras compatíveis sobre contratos (quanto a forma, a conteúdo, a requisitos, a nulidades, a execução, a inexecução etc.).

Visa a transação a solver controvérsia jurídica em torno de elementos da obrigação, ou da própria, possibilitando às partes, por via de acertos, encontrar solução amistosa, em que cada qual faz concessões para alcançar a composição almejada.

Pode ser realizada antes de proposta a ação, ou mesmo em seu curso, variando a respectiva instrumentação e os efeitos correspondentes. Desse modo, pode a transação ser extrajudicial e judicial, conforme se perfaça antes da instauração da lide ou depois de formada, em pleno curso da ação: no primeiro caso, impede a sua propositura e põe fim às obrigações; no segundo, faz encerrar-se o processo, arquivando-se os autos respectivos, assumindo ares de irrevogabilidade como a coisa julgada.

Em qualquer caso é, principalmente, da reciprocidade das concessões que o instituto ganha autonomia com relação a figuras afins, como a da renúncia. Enquanto esta, de fato, é ato unilateral e abdicativo, nos vários campos em que se admite a sua existência, a transação é negócio jurídico bilateral e declaratório. Diferencia-se a transação também do compromisso, pois neste a avença, ou a cláusula específica, apenas elegem ou conferem árbitros para a solução da pendência, perante os quais cada qual procura sustentar a respectiva posição.

Alcança apenas as partes relacionadas à obrigação, constituindo para outras pessoas *res inter alios*, salvo poucas exceções admitidas na lei (como a da extensão à fiança).

Acentue-se, por fim, que, embora se aproxime da coisa julgada (efeito da sentença judicial), apresenta diferenças sensíveis que a individualizam como resultante da vontade das partes, restrita aos limites de direitos compatíveis e submetida ao regime contratual, guardando, com aquela, apenas a característica da irrevogabilidade.

79. Caracterização

Para que exista transação, é necessária a reunião de certas condições, a saber: existência de discordância ou conflito entre as partes; intenção de fazê-lo cessar; outorga de concessões recíprocas.

A idéia básica da figura é da elisão, ou eliminação de uma lide, em potencial ou concreta, cedendo cada parte em sua posição, a fim de se encontrarem denominadores comuns, plasmáveis no instrumento de transação. Realiza, pois, esse instituto a satisfação dos interesses dos envolvidos, restabelecendo a paz em suas relações jurídicas. Gira em torno de uma *res dubia* ou *litigiosa*, propiciando o ajuste e o acerto de posições entre as partes.

Com a transação, soluciona-se a pendência pela vontade das partes que desejam a respectiva terminação, cedendo em pontos possíveis, para a formulação do ajuste.

É contrato consensual, oneroso e sinalagmático: vale dizer, completa-se por simples acordo de vontades, com obrigações recíprocas e em que cada parte deve fazer concessões à outra, em razão do objetivo buscado.

Distingue-se, ainda, pelos caracteres da indivisibilidade, da declaratividade e da restritividade na interpretação. Assim, de início, a nulidade de cláusula compromete todo o contexto; mas, realizada legitimamente, produz efeito apenas declaratório (ou recognitivo), interpretando-se de modo estrito as suas cláusulas e as suas condições. Produz coisa julgada entre as partes, não suportando, portanto, nova discussão a matéria transacionada, salvo quando viciado o negócio.

Outro ponto de relevo em sua estruturação é o da disponibilidade dos direitos compreendidos na controvérsia, referindo-se, pois, a direitos privados de ordem patrimonial. Não podem, assim, direitos personalíssimos, bens imateriais em geral (com poucas exceções) e coisas fora do comércio ter assento em seu contexto (não têm sido aceitas, na jurisprudência, transações sobre estado e capacidade de pessoas; investigação de paternidade; direitos de personalidade; alimentos, em face da sua irrenunciabilidade, embora nada obste acordo em relação apenas ao valor etc.).

80. Regime jurídico

O regime jurídico da transação em nossa codificação define o seu alcance, a respectiva instrumentação e os seus efeitos, impondo certas limitações à sua concretização.

Assim, depois de permitir aos interessados a prevenção ou a terminação de litígio por via de concessões recíprocas (art. 840), firma-se o princípio da indivisibilidade, com a declaração de que a nulidade de cláusula invalida a transação (art. 848, *caput*), mas quando versar sobre diversos direitos contestados, independentes entre si, o fato de não prevalecer em relação a um não prejudicará os demais (parágrafo único). Seguem-se os da interpretação extinta e o do efeito declaratório (art. 843), de sorte que, de um lado, não se pode estender os seus termos a situações não previstas expressamente em seu conjunto, nem se transmitem direitos por seu intermédio, diante de sua condição de simples contrato (a transmissão opera-se pela tradição, ou pelo registro, conforme o caso).

Com relação a seu conteúdo, registre-se que a transação somente pode envolver direitos patrimoniais de caráter privado (art. 841). Admite-se em seu contexto a pena convencional (art. 847), dispondo, outrossim, a lei que a transação concernente a obrigações oriundas de delito não elide a ação penal pública (art. 846). Assim, de imediato, há que se atentar para o caráter de disponibilidade do direito envolvido, podendo as partes estipular multa pelo descumprimento do ajuste. Com relação a obrigação advinda de delito, embora transigível, não impede o desenvolvimento da ação penal cabível.

Outrossim, é nula a transação a respeito de litígio decidido por sentença, transitada em julgado, se dela não tinham ciência alguma os transatores, ou quando se descobriu, por título posterior, que nenhum deles tinha direito sobre o objeto do acordo (art. 850) (caso de erro, como, por exemplo, a realizada por herdeiro que, após a morte do titular da herança, ignorando a decisão, celebra transação com a parte adversa, ou se acordaram sobre bem pertencente a outrem, como posteriormente se verifica).

Com respeito às pessoas, cumpre anotar-se que devem ser capazes de não incidir em qualquer hipótese de falta de legitimidade (assim, por exemplo, certas pessoas não podem transigir com relação a negócios que administram, como o tutor quanto a bens do tutelado e o curador sobre os do curatelado). Tratando-se de mandatário, deve estar investido de poderes especiais para transigir.

A instrumentação desse negócio jurídico perfaz-se por escrito público (quando necessário), ou particular (transação extrajudicial); ou, se em relação a direitos discutidos em juízo (judicial), por termo nos autos, assinado pelos transigentes (ou por procuradores com poderes especiais e homologado pelo juiz, ou ainda por escritura pública, nas obrigações em que a lei a exija, ou particular, nas em que esta o admita (art. 842). Juntado o instrumento nos autos, cabe ao juiz homologar o acordo, para que produza efeitos, cessando a instância, mas apenas quando se tratar de transação judicial.

Com relação a efeitos, cumpre primeiramente acentuar que somente se anula por dolo, coação ou erro essencial quanto a pessoa ou a coisa controversa (art. 849); a transação não se anula por erro de direito a respeito das questões que foram objeto de controvérsia entre as partes (parágrafo único). Assemelha-se, pois, à coisa julgada, mas pode ser, ao contrário daquela, resolvida por inexecução.

Mas obriga apenas aos que nela intervierem, mesmo quando relacionada a coisa indivisível (art. 844). Além disso: concluída entre credor e devedor principal, exonera o fiador; se entre um dos credores solidários e o devedor, extingue a obrigação deste para com os outros credores; e se entre um dos devedores solidários e seu credor, extingue a dívida em relação aos co-devedores (§§ 1º a 3º).

Ocorrida, outrossim, a evicção da coisa renunciada por um dos transigentes, ou por ele transferida à outra parte, não ressurge a obrigação extinta pela transação, cabendo ao evicto, no entanto, o ressarcimento de perdas e danos (art. 845). Mas, se um dos transigentes adquirir depois do ajuste novo direito sobre a coisa renunciada ou transferida, a transação feita não o inibirá de exercê-lo (parágrafo único).

Capítulo XXVI

O COMPROMISSO

SUMÁRIO: 81. *Definição dos contornos*. 82. *Espécies*.
83. *Regulamentação legal*.

81. Definição dos contornos

Outra modalidade especial, que permite a extinção de obrigações por via indireta, é o compromisso, negócio jurídico através do qual as partes se louvam em árbitros para solução de suas pendências judiciais ou extrajudiciais (CC, arts. 851 e segs.; Lei Federal nº 9.307, de 23.9.96). Com esse instituto, as partes submetem o litígio a pessoas capazes, resolvendo-se, por suas decisões, sem necessidade de acesso ao Poder Judiciário, as suas dimensões. Consegue-se, assim, a realização do direito sem intervenção das autoridades judiciárias e, em função de sua natureza especial, o instituto é regulado no direito civil e no processual.

Existente desde a época romana, a figura em questão possibilita a efetivação de justiça, através do juízo arbitral, suscitando, desde logo, na doutrina, discussão quanto à sua natureza: se de direito material ou de direito processual. Ora, embasando-se em negócio jurídico, assume posição no direito privado, incluindo-se ou como meio de extinção de obrigações (regime do Código Civil de 1916), ou como espécie de contrato (sistema do novo Código Civil). Recebe regulamentação ainda no estatuto processual, diante da necessidade de normatizar-se a parte instrumental que para o uso do instituto se impõe. Desse modo, em função de seu objetivo final, que é de pôr termo a divergências surgidas entre pessoas vinculadas a obrigações, encontra sede essa figura no direito obrigacional como modo indireto de extinção, a exemplo da transação. Mas é um contrato especial, do qual resulta a instauração do juízo arbitral.

O compromisso apresenta contornos próprios, distintos dos de figuras semelhantes, como a citada transação. De fato, enquanto esta constitui negócio jurídico tendente a evitar, ou a pôr fim a controvérsia, o compromisso consubstancia-se na instituição de árbitros, por meio dos quais as partes visam a alcançar a extinção de suas pendências. Com a primeira, nova obrigação exsurge, findando-se a relação anterior. Com o compromisso, persiste a obrigação, cabendo aos árbitros ditar a solução para as pendências existentes, a fim de que se obtenha depois a sua extinção.

Admitido para o equacionamento de controvérsias extrajudiciais ou judiciais, por meio da sentença arbitral é que se chega à solução do conflito, podendo, no segundo caso, sustar-se o desenvolvimento do processo com a sua instituição. Mas, em razão de sua finalidade, distingue-se ainda do simples arbitramento, ou perícia, que se produz nos autos do processo para a formação da prova, consistindo em opinião de técnicos (laudo) sobre os pontos determinados em sua concretização. Além disso, cumpre separar-se do compromisso a cláusula compromissória, esta inserida em contratos nos quais as partes declaram que submeterão eventuais litígios à apreciação de árbitros. Representando mera disposição preliminar (obrigação de fazer), sua inobservância pode conduzir a resultados apuráveis apenas no âmbito da responsabilidade civil. O compromisso é, ao revés, contrato acabado e definitivo, pelo qual as partes definem os árbitros, outorgando-lhes poderes para que resolvam as pendências.

De grande aplicação no âmbito das relações internacionais, não tem encontrado igual porte no plano privado. Acentue-se, por fim, que os direitos envolvidos em seu contexto devem ser patrimoniais e disponíveis, não se possibilitando, pois, a sua instituição para questões outras.

82. Espécies

O compromisso pode ser extrajudicial ou judicial. O primeiro é firmado antes da propositura de demanda e o segundo, quando em andamento ação que envolva os interessados, sujeitando-se, pois, a efeitos e a processamentos diferentes.

O compromisso extrajudicial perfaz-se mediante contrato, em que as partes devem expor o objeto do litígio e a qualificação completa dos árbitros e de seus substitutos, podendo delinear-se no instrumento respectivo (público ou privado) as disposições de cunho procedimental que os interessados desejarem sejam seguidas. O compromisso judicial perfaz-se por termo nos autos do processo, perante o juiz ou o titular por onde correr a demanda. Submetidos a homologação, produzirá cada qual efeitos próprios: o primeiro evitará o ingresso em juízo, se as partes se conformarem com a decisão; o segundo porá fim ao processo, com o conseqüente arquivamento dos autos. De fato, a principal característica do compromisso é a de excluir a controvérsia da apreciação da Justiça estatal (efeito negativo), submetendo as partes à sentença arbitral (efeito positivo).

A sentença arbitral produz, entre as partes e seus sucessores, os mesmos efeitos da sentença proferida pelos órgãos do Poder Judiciário e, sendo condenatória, constitui título executivo (Lei Federal nº 9.307/96, art. 31). É nula a sentença arbitral se: a) for nulo o compromisso; b) tiver emanado de quem não podia ser árbitro; c) não contiver os requisitos legais; d) for proferida fora dos limites da convenção de arbitragem; e) não decidir todo o litígio submetido à arbitragem; f) comprovado que foi proferida por prevaricação, concussão ou corrupção passiva; g) proferida fora do prazo; h) forem desrespeitados os princípios do contraditório, da igualdade das partes, da imparcialidade do árbitro e de seu convencimento (Lei Federal nº 9.307/96, art. 32).

83. Regulamentação legal

A regulamentação legal do instituto compõe-se de normas referentes à sua identificação, aos árbitros, ao processamento e a seus efeitos, mesclados no Código Civil e na Lei nº 9.307/96.

Em conformidade com a codificação civil, as pessoas capazes de contratar podem, a qualquer tempo, por escrito, nomear árbitros para o equacionamento de suas controvérsias (art. 851). Devem as partes, assim, dispor de capacidade de comprometer-se, indicando-se no instrumento as qualificações dos interessados (Lei nº 9.307/96, art. 10).

Identificadas as duas espécies e a respectiva instrumentação (Lei nº 9.307/96, art. 9º), deve-se anotar que, além do objeto, especificações e valor, a ele submetidos (a questão litigiosa), o compromisso conterá nomes e qualificação completa dos árbitros, e de seus substitutos, estes para suprir falta ou impedimento dos titulares (art. 10). Pode ainda conter o instrumento: o prazo para a decisão arbitral; autorização para julgamento por eqüidade, fora de regras e formas de direito; os honorários dos árbitros e a proporção em que se pagarão (art. 11).

Quanto aos árbitros, ressalte-se que são considerados juízes de fato e de direito, não se sujeitando seu julgamento a recurso ou à homologação pelo Poder Judiciário (art. 18). Pode exercer essa função qualquer pessoa capaz e de confiança das partes (art. 13).

Extingue-se o compromisso arbitral: a) escusando-se qualquer dos árbitros, antes de aceitar a nomeação, desde que as partes tenham declarado, expressamente, não aceitar substituto; b) falecendo ou ficando impossibilitado de dar seu voto algum dos árbitros, desde que as partes declarem, expressamente, não aceitar substituto; c) tendo expirado o prazo para a apresentação da sentença arbitral, desde que a parte interessada haja notificado o árbitro, ou o presidente do tribunal arbitral, concedendo-lhe o prazo de 10 dias para a prolação e a apresentação da sentença arbitral (art. 12).

É vedado compromisso para a solução de questões de Estado, de direito pessoal de família e de outras que não tenham caráter estritamente patrimonial (CC, art. 852).

Admite-se nos contratos a cláusula compromissória, para resolver divergências mediante juízo arbitral, na forma estabelecida na lei especial (CC, art. 853).

Capítulo XXVII

A CONFUSÃO

SUMÁRIO: 84. *Conceituação*. 85. *Regulamentação legal*.

84. Conceituação

Mais um modo de extinção indireta de obrigações é a confusão, que se configura pelo concurso, na mesma pessoa, das qualidades de credor e de devedor. Com esse instituto, desaparece a obrigação sem o pagamento da prestação, que se inviabiliza ante a neutralização do direito pela reunião, em uma das partes, da condição de devedor e de credor.

Resultante do fenômeno da sucessão, tem sido prevista desde o direito romano como modo extintivo de obrigação (assim, por exemplo, assumindo o herdeiro, com a morte do credor, a sua posição, ou, um terceiro, a situação de herdeiro do credor e do devedor, reúne em si o interessado, nesses casos, qualidades incompatíveis, que fazem desaparecer a obrigação). A sucessão pode dar-se também por via contratual, produzindo os mesmos efeitos; por meio de casamento com comunhão de bens e ainda em razão de sociedade universal.

A confusão apresenta, pois, como elemento identificador, a coincidência em uma só pessoa das posições antagônicas na obrigação, fato que faz o vínculo perder sentido, pois ninguém pode obrigar-se consigo mesmo. Distingue-se, assim, de figuras assemelhadas, em particular, a da compensação e a do pagamento presumido. Quando à primeira, eliminam-se os créditos até onde se encontrem, mantendo-se as partes em suas posições com a redução dos valores devidos, quando parcial, ou a extinção das obrigações, quando total. Na confusão, reúnem-se na mesma pessoa os direitos creditórios, impossibilitando-se a realização da prestação. No pagamento presumido, que ocorre com a entrega do título ao devedor, concentra-se, em sua pessoa, a dualidade, mas por lei suscetível de discussão, pois a presunção é relativa, cabendo ao que a contesta fazer a prova em contrário, enquanto na confusão esta é de quem a alega, inexistindo, ademais, pagamento, mas liberação do vínculo sem a satisfação da prestação.

Debateu-se na doutrina acerca dos efeitos da confusão, entendendo alguns que ocasionaria simples paralisação da obrigação, enquanto a maioria defendia a tese da extinção, que acabou prevalecendo. De fato, o efeito liberatório do instituto é inconteste, pois o direito cessa ante a insubsistência da ação.

Outrossim, para que haja confusão, mister se faz que exista unidade da relação obrigacional, identificação de patrimônios e aglutinação, em uma só pessoa, das qualidades de credor e devedor.

Assinale-se, ainda, que, no âmbito jurídico, a palavra *confusão* tem outros significados: reunião de vários direitos na mesma pessoa, como no usufruto; e mistura de várias coisas pertencentes a pessoas distintas (fenômenos da confusão, comistão e adjunção).

85. Regulamentação legal

A regulamentação legal da matéria conta com poucas disposições, referentes à sua abrangência e a seus efeitos.

De início, estabelece o Código que se extingue a obrigação quando se confundem, na mesma pessoa, as qualidades de credor e de devedor (CC, art. 381), compreendendo-se os acessórios, ante a lógica do sistema.

A confusão pode abranger toda a dívida ou parte dela (art. 382) (confusão própria e imprópria).

Na confusão quanto à pessoa do credor ou do devedor solidário só se extingue a obrigação até a concorrência da respectiva parte no crédito ou na dívida, subsistindo quanto ao mais a solidariedade (art. 383).

Por fim, terminada a confusão, restabelece-se de pronto a obrigação anterior, com todos os seus acessórios (art. 384). Trata-se de confusão efêmera, ou seja, resultante de negócio ineficaz ou de relação transitória (como nos casos, por exemplo, de nulidade do testamento de que resulta a confusão, ou da resolução do direito do fiduciário no fideicomisso). A restauração da obrigação daí advinda ocorre com a pronta cessação da confusão.

Capítulo XXVIII

A REMISSÃO

SUMÁRIO: 86. *Conceituação.* 87. *Regramento legal.*

86. Conceituação

A última modalidade de extinção de obrigações é a remissão, ou o perdão da dívida, concedido pelo credor ao devedor, que, aceito, libera-o do vínculo. Remissão é, portanto, negócio jurídico por meio do qual o credor se despe de seus direitos creditórios, livrando-se, com isso, o devedor do pagamento. Propicia, pois, a cessação do vínculo sem cumprimento da prestação, possui caráter de gratuidade e põe fim à obrigação (CC, arts. 385 e segs.), com a anuência do devedor (cuja declaração a integra).

O instituto provém do direito romano, com a idéia básica de mecanismo de liberação do devedor por meio de declaração desvinculatória graciosa do credor, ou seja, de simples perdão, ou de liberalidade, em que àquele competia consentir para a produção de seus efeitos.

Persiste a remissão com o caráter liberatório, mas muito se discutiu, em sua evolução, na doutrina, quanto à respectiva natureza, pois expõe traços distintivos em sua essência que a aproximam de outros institutos, principalmente com a doação e a renúncia. Outro ponto debatido é o da qualificação como ato unilateral, ou como negócio jurídico. Entende-se ora que, de um lado, é negócio jurídico, uma vez que a vontade do devedor se integra em sua existência, e, de outro, possui caracteres próprios que a separam das figuras citadas. De fato, enquanto a doação é contrato em que nasce uma relação jurídica de liberalidade, configurando-se com a presença do *animus donandi* e executando-se pela entrega do bem ao contemplado, a remissão surge de ato voluntário do credor, acolhido pelo devedor, não importando o ânimo daquele e produzindo o efeito liberatório. Outrossim, na renúncia, o ato é unilateral, não interferindo a vontade de outrem, consistindo na abdicação espontânea de um direito (como a renúncia à herança). Na remissão, a discordância do devedor permite-lhe consignar a prestação em juízo.

A remissão pode ser total ou parcial, quando compreenda a dívida toda, ou se trate de simples redução. Divide-se, ainda, em expressa ou tácita (ou presumida), a primeira constante de documento hábil, *inter vivos* ou *mortis causa*; e a segunda, resultante de presunções previstas em lei, por força de circunstâncias próprias denunciativas (entrega voluntária do título da obrigação, ou do objeto do penhor). Assim, ou por efetiva declaração de vontade, ou por ação indicativa, pode dar-se o perdão, que, aceito pelo devedor, faz desaparecer a obrigação.

Mas, se o devedor se recusar, às vezes em razão de princípios ou de intenções outras que possam ferir a sua suscetibilidade, fica-lhe assegurado o depósito judicial da prestação, desvinculando-se, assim, por essa via, em situação que evidencia a natureza contratual da figura em questão.

87. Regramento legal

No regramento da matéria, detém-se nossa codificação em poucas normas, sobre a remissão presumida e a em obrigação solidária.

Estipula, de início, que a entrega voluntária do título da obrigação, quando por instrumento particular, demonstra a exoneração do devedor e coobrigados, se o credor for capaz de alienar e o devedor, capaz de adquirir (art. 386). Exige-se, pois, capacidade própria às partes, entrega efetiva do título e acolhimento do devedor. Com a remissão, cedem as garantias e acessórios, mas o inverso não prevalece.

Também a entrega do objeto empenhado prova a renúncia do credor à garantia real, mas não a extinção do débito (art.

387). Assim, devolvida a coisa dada em penhor, presume-se que há remissão quanto à garantia, permanecendo a dívida como quirografária.

Outrossim, a remissão concedida a um dos co-herdeiros produz a extinção da dívida na parte a ele correspondente, de sorte que, reservando o credor a solidariedade contra os outros, não lhes pode cobrar o débito sem dedução da parte perdoada (art. 388). Na obrigação indivisível, como anotamos, a remissão de um dos credores diminui o valor a exigir-se pelos demais.

Ajunte-se que a remissão da dívida, aceita pelo devedor, extingue a obrigação, mas sem prejuízo de terceiro (CC, art. 385).

Registre-se, para finalizar, que, havendo perdão de toda a dívida, também se dará a extinção de execução porventura existente (CPC, art. 794, inc. II).

Capítulo XXIX

O INADIMPLEMENTO DAS OBRIGAÇÕES

SUMÁRIO: 88. *Considerações preliminares.* 89. *Caracterização.* 90. *Não-caracterização.* 91. *Conseqüências do inadimplemento.*

88. Considerações preliminares

Constituída a obrigação, deve a prestação ser realizada no tempo, no modo e nas condições devidas, liberando-se o devedor com o exato cumprimento de todos os seus termos. Tem-se, assim, o adimplemento da obrigação que, na consecução de seu fim próprio, extingue-a, assim como os mecanismos indiretos, engendrados pelo direito, que já analisamos.

Ora, não cumprida a obrigação em toda a sua extensão, tem-se o inadimplemento, ou a inexecução, que, por causar prejuízo ao credor, ingressa na categoria de ato ilícito, gerando sancionamentos próprios na órbita do direito, quando imputável o fato ao devedor. Assim, desviando-se do compromisso assumido, o devedor pratica ilícito, pelo qual responde, arcando com as conseqüências, pessoal ou patrimonialmente, conforme o caso.

O inadimplemento acarreta, assim, resolução da obrigação, rompendo-se o vínculo e surgindo, para o responsável, outra obrigação, a de reparação do dano. Substitui-se, pois, a obrigação normal, em que se desata o vínculo, advindo, em seu lugar, a de ressarcimento dos prejuízos sofridos pelo lesado.

De diferentes graus pode ser essa responsabilização, em razão da extensão do inadimplemento. Com efeito, como diversas situações podem emergir dentro da teoria do descumprimento, conseqüências diferentes podem advir para os responsáveis. Assim, no inadimplemento total, os efeitos são mais amplos, no inadimplemento imperfeito (ou cumprimento inadequado), restringem-se aos pontos infringidos (por exemplo, quanto ao modo, ou à condição prevista no ajuste) e, na mora ou demora, ou atraso, ficam dependentes do alcance correspondente, possibilitando-se, inclusive, até a realização da prestação, se do interesse do credor (considerando-se que, no sistema de nosso Código, a mora envolve não só o atraso, como também a não-observância do lugar e da forma, art. 394).

Classifica-se, pois o inadimplemento (ou inexecução) em: total (inexecução completa); parcial (execução defeituosa, ou imperfeita) e mora (retardamento, ou atraso), submetendo-se as diferentes hipóteses aos mesmos princípios gerais, com particularidades, no entanto, que serão discutidas adiante. No primeiro caso, o devedor não realiza a prestação, nem se dispõe a fazê-lo, ante a variada gama de motivação própria, perscrutável em concreto (como desinteresse, arrependimento, capricho, emulação etc.). No segundo, efetiva a ação tendente ao cumprimento, mas ou satisfaz apenas alguns elementos próprios da obrigação, ou deixa de observar, na execução, as regras legais ou contratuais correspondentes (por exemplo: entrega de parte das coisas envolvidas; entrega em outro local; entrega com vício, ou defeito técnico; entrega em condições de acondicionamento diversas da combinada etc.). No terceiro, apenas deixa de observar o prazo existente para o cumprimento, ou seja, não respeita o lapso temporal estipulado para a satisfação da prestação, cumprindo verificar-se, depois, se possível ou não, ou se desejável ou não, a execução, diante do interesse do credor, pois, na negativa, tem-se presente o inadimplemento total (como no denominado cumprimento frustrâneo, ou seja, que, por força do atraso, não mais interessa ao credor: assim a entrega de mercadoria para embarque em certo navio; a entrega para certa cerimônia etc.).

De difícil caracterização na prática, eis que da análise das circunstâncias é que se pode depreender, esses diversos estágios relacionam-se com a análise do comportamento das partes na consecução do negócio e em sua execução, submetendo-se a certos princípios básicos, em especial os da boa-fé e da pontualidade, já referidos. Assim, por exemplo, para detectar-se a existência da mora, ou de descumprimento total, há que se observar a conduta do devedor em todo o curso da relação obrigacional, desde o seu nascedouro à sua consecução definitiva, em particular em seu ponto culminante, qual seja, o da realização: o ânimo, ou a disposição do devedor é que indicará se há simples atraso, ou vontade firme de não mais executar a prestação. A análise dos antecedentes também é relevante nesse passo, pois em obrigações advindas depois de outros relacionamentos, ou nas de trato sucessivo, o comportamento do devedor nas várias etapas é fator decisivo para a definição da figura existente no caso, ao qual se estenderão as conseqüências correspondentes. Desse modo, se o devedor vinha executando normalmente as prestações a seu cargo e, quanto a uma, não o faz no prazo, deve-se, em princípio, admitir como simples retardamento; ao reverso, a um devedor contumaz na não-observância de obrigações assumidas, o entendimento há que ser o oposto, salvo, em qualquer hipótese, evidência em contrário, ou disposições legais particulares, como as existentes no regime jurídico da mora, que recebe tratamento especial no Código (arts. 394 e segs.).

O exame do *animus* do agente à ocasião e de sua conduta é, portanto, o elemento básico para a definição da figura presente, respeitada, salvo exceções expressas, a regra da imputabilidade do resultado ao agente, ou seja, quando presente o elemento subjetivo (inadimplemento voluntário).

89. Caracterização

Com efeito, o inadimplemento caracteriza-se, objetivamente, pela constatação da não-realização da prestação, ou da não-observância do modo, do tempo, ou das condições ajustadas, nos graus citados; e, subjetivamente, pela participação volitiva do agente na causação, consciente (dolo) ou decorrente de negligência, imprudência ou inércia (culpa). A integração do fato material ao fato pessoal é, pois, que evidencia o inadimplemento, para efeito de obter-se a responsabilização do agente, salvo explícitas exceções legais ou contratuais, estas quando compatíveis com as obrigações envolvidas.

De fato, não decorre, necessária e inelutavelmente, da verificação objetiva da inexecução da prestação a atribuição ao agente dos efeitos correspondentes. Há que se perscrutar a sua conduta, perfazendo-se com a observância da participação volitiva no resultado a sua vinculação às conseqüências próprias. Por outras palavras, é da imputação do fato à consciência do agente que surge a sua responsabilização. O fato da inexecução deve, pois, decorrer da inércia do agente, ou da impropriedade, ou da inadequação, na ação do cumprimento. Assim, intencionalmente (por dolo), ou por negligência (ou culpa, em sentido estrito), é que o agente responde pelos resultados danosos provenientes do fato do descumprimento, cabendo ao lesado acioná-lo, quando não se dispunha espontaneamente a fazê-lo, para obter o ressarcimento dos prejuízos sofridos, sob os prismas moral e patrimonial.

Tem-se, assim, que é por dolo (vontade de obter o resultado, ou consciência de sua produção), ou por culpa (negligência, imprudência, ou imperícia) que o agente sofre as conseqüências do ilícito; vale dizer, quando quer o resultado lesivo ou aceita o risco de sua realização, ou quando, por desídia, por descaso, por inabilidade (ou outro fator culposo), contribui para a superveniência do fato lesivo (assim, ou simplesmente deixa de cumprir a prestação, assumindo os riscos, ou não toma as cautelas necessárias para que não ocorra o evento danoso). Excetuam-se situações em que a responsabilidade é objetiva dentro da teoria das atividades perigosas, que desenvolvemos no livro *Responsabilidade civil nas atividades nucleares*.

Para a responsabilização, há que existir ainda uma relação de causalidade entre a ação do agente e o resultado danoso: é o nexo causal. Deve, pois, o resultado provir da atuação do agente (de sua ação, ou de sua omissão, conforme o caso). Esse vínculo é que completa os pressupostos da responsabilidade civil, gerando, então, para o agente, a obrigação de indenizar os danos suportados pelo lesado.

Assim, descumprida a obrigação e havendo prejuízo para o credor, tem-se, como regra, a submissão do patrimônio do devedor ao ressarcimento devido, tanto por culpa como por dolo.

Registre-se, ademais, ante a inexistência de distinção quanto aos graus do inadimplemento, que apenas ante casos em que se exige diligência maior é que o Código separa os efeitos: assim, nos contratos benéficos responde por simples culpa o contraente, a quem o contrato aproveita, e por dolo aquele a quem não favoreça; e nos contratos onerosos cada um responde por culpa, ressalvadas as exceções legais (art. 392).

Pondere-se, por fim, que, à ausência – ou, em certos casos, com a presença – dos elementos citados, pode não haver a subsunção do devedor aos efeitos próprios do inadimplemento, em razão de fatores legais ou convencionais.

90. Não-caracterização

Com efeito, a interpelação de fatores exógenos nessa relação afasta a responsabilidade do agente, assim como certos elementos convencionais, mas todos expressamente previstos para o caso concreto. Com efeito, seja em virtude de lei, seja em decorrência de ajuste entre as partes, pode o inadimplemento deixar de ser imputado ao agente. Desse modo, embora objetivamente presente, não se permite a submissão do devedor ao resultado, descaracterizando-se, pois, a responsabilidade.

Isso ocorre com as denominadas causas excludentes de responsabilidade, que acarretam a inimputabilidade, liberando o agente do vínculo (inadimplemento involuntário). São elas: o fato do interessado, o fato de terceiro, o caso fortuito, a força maior. De início, a própria vítima (ou lesado) pode ser o responsável pelo descumprimento, ou terceira pessoa que se interpõe no relacionamento (como nos casos em que o credor não propicia ao devedor os elementos de que depende para a execução da prestação, ou terceiro causa a lesão). Além disso, fato do acaso (caso fortuito, como um acidente, a quebra de peça ou defeito técnico imperceptível não obstante os cuidados tomados) ou da natureza (força maior, como geada, incêndio etc.) podem obstar a execução, tudo sem culpa do devedor (fatos estranhos à vontade), que assim se exonera da obrigação (CC, art. 393 e parágrafo único, em que são definidos como fatos necessários cujos efeitos não se podem evitar ou impedir).

Registre-se, outrossim, que outras causas podem também pôr fim a obrigações, como a prescrição e o implemento de condição resolutiva, mas em decorrência de princípios e de regras fundamentais, da teoria geral do direito civil, conforme anotamos.

Pode, ainda, por via convencional, ser obviado o efeito direto do descumprimento, mesmo em caso de culpa do agente, ante a denominada cláusula de não-responsabilização. Embora discutível na doutrina e de alcance limitado a certas convenções – pois, de regra, se choca com a ordem pública –, é inserida em contratos com os quais se desobriga o devedor de pagar a indenização (em que se envolvam direitos disponíveis). Mas, de qualquer sorte, não obsta outras conseqüências advindas do inadimplemento, nem importa em exclusão de responsabilidade.

Ao revés, podem as partes estipular, em certos casos (como nos contratos de risco), a responsabilização pelo cumprimento, mesmo à ocorrência de caso fortuito, ou de força maior, de sorte que, nessas situações, não se operarão os efeitos exonerativos desses fenômenos. Assim, em havendo a realização do risco, este agirá contra o obrigado, que terá de valer-se de outros meios para o cumprimento da obrigação (como na venda futura, em que o devedor responda pela existência da coisa à ocasião prevista; destruída esta, terá de adquirir outra para a entrega).

Em conclusão, tem-se que, voluntária ou involuntariamente, ocorre o inadimplemento, com conseqüências diversas, subdividindo-se ainda, este, em absoluto, ou relativo; o primeiro quando o devedor deixa de cumprir a obrigação (total ou parcialmente), não mais podendo ser executada, e o segundo, quando não observadas as condições, mas ainda aproveitável, para o credor, se mostra o cumprimento, na dependência, no entanto, do seu interesse e de fatores outros em concreto verificáveis.

91. Conseqüências do inadimplemento

A conseqüência imediata do inadimplemento é a responsabilização do agente por perdas e danos, em qualquer dos graus referidos (CC, arts. 389 e segs.), respeitadas as proporções quanto ao alcance respectivo do dano.

Com efeito, prescreve a nossa codificação que, não cumprida a obrigação, responde o devedor por perdas e danos, mais juros e atualização monetária, segundo índices oficiais regularmente estabelecidos, bem como honorários advocatícios (art. 389). Convola-se, pois, em obrigação de indenizar a obrigação original, ficando o devedor com o ônus do ressarcimento dos prejuízos havidos.

Na idéia básica de descumprimento de dever específico reside toda a estruturação da teoria dos efeitos do descumprimento. De fato, desrespeitando o compromisso assumido – presente a noção moral de honrar-se a palavra dada –, o devedor comete ato ilícito (ilícito obrigacional), cabendo-lhe, pois, arcar com os ônus correspondentes, dentro da teoria da responsabilidade civil, que desenvolvemos nos livros *Responsabilidade civil – teoria & prática* e *Responsabilidade civil nas atividades nucleares* (em que mostramos também as situações nas quais existe responsabilidade sem subjetividade, ou responsabilidade objetiva, e exatamente quanto a atividades perigosas).

Com o descumprimento, opera-se o desate do laço obrigacional, acarretando a responsabilização do agente, pessoal ou patrimonialmente, conforme o caso, podendo esta concretizar-se por via amistosa (por acordo) ou judicial (execução forçada). Resolve-se o liame obrigacional e abre-se para o lesado a possibilidade de exigir, quando possível, o cumprimento, direto ou judicial, com a satisfação dos prejuízos havidos, ou simplesmente a indenização de danos, em razão da natureza da operação e de seu próprio interesse. De fato, desde que ainda útil a prestação, pode o credor exigi-la, se compatível a realização em função da natureza da obrigação, da postura do devedor e dos objetivos visados. Ao credor compete, pois, em concreto, definir a estratégia que melhor atenda a seus interesses, respeitadas sempre as normas de ordem pública eventualmente incidentes. Esgotados os meios suasórios, compete-lhe ingressar em juízo para a execução forçada da obrigação, ou seja, cumprimento por imposição da autoridade judicial.

A noção de resolução corresponde, pois, à de descumprimento voluntário, com o rompimento do vínculo operando efeitos contra o agente. Há que se distinguir, no entanto, em matéria contratual, as hipóteses de existência, ou não, de cláusula expressa, para efeito de definição do procedimento cabível ao credor. Assim, em havendo a cláusula, produzem-se os efeitos de pleno direito; caso contrário, necessária se faz a prévia notificação do devedor para o acionamento judicial próprio, salvo quando a lei a exigir por expresso, elidindo-se, assim, a invocação da citada cláusula.

Ante o exposto, verifica-se que principalmente do *animus* do agente é que lhe defluem os efeitos do descumprimento, cabendo-lhe responder pelos danos de ordem moral ou patrimonial que o lesado tenha sofrido, a par de sanções outras cabíveis. Acrescem-se ao da indenização, apurável conforme critérios identificáveis em cada situação concreta, outros valores definidos em leis e nos contratos, como a correção monetária, os juros e os honorários advocatícios (quando houver pagamento em concreto, ou sucumbência em juízo).

No ingresso a juízo, tem-se a execução forçada, que pode ser genérica, ou destinada a obter a indenização cabível, por não comportar o caso a obtenção da *res* prometida; e específica, ou voltada à recepção da prestação original (quando possível) em razão da natureza da prestação, das circunstâncias fáticas e do interesse do credor, conforme mostramos, quanto às diferentes espécies de obrigações.

A execução forçada onera, de regra, o patrimônio do devedor, com reflexos pessoais também, nos limites já enunciados, em função da essência da obrigação e do ânimo do infrator, competindo a iniciativa ao lesado, ou a quem o represente. Deve o patrimônio responder pelas obrigações, como garantia ao credor, até a completa satisfação dos interesses do lesado.

Não sendo possível suportar todos os ônus, ou seja, quando insuficiente o patrimônio do devedor para a solução de diferentes débitos que tenha, deve instalar-se concurso de credores, a fim de que venham todos a receber seus créditos proporcionalmente aos respectivos montantes. A execução coletiva cumpre assim a função de permitir a simultânea e proporcional realização de créditos existentes, integrando-se, para tanto, todos os credores ao mesmo processo, uma vez que se põe o patrimônio do devedor como garantia comum a todos com que se obriga.

Finalizando, tem-se que diferentes conseqüências podem advir do fenômeno do inadimplemento, consoante haja, ou não, a participação volitiva do agente; conforme exista, ou não, utilidade no cumprimento fora dos limites convencionados e as posturas das partes. Com isso, não necessariamente defluem do descumprimento as perdas e danos, uma vez que ao credor se facultam exigências outras, a par da própria consecução da prestação original – quando factível e desejável –, sendo possível também a cumulação de efeitos, respeitados os contornos traçados (assim, pode o credor, por exemplo, pedir a prestação e as perdas e danos; ou somente a coisa desejada; ou apenas as perdas e danos).

Anote-se, ademais, quanto à regulamentação, que, no novo Código, vem a temática versada nos arts. 389 e segs., cuidando-se, em seu contexto, depois das disposições genéricas: da mora, das perdas e danos, dos juros legais, da cláusula penal e das arras ou sinal, enquanto as preferências e os privilégios creditórios são disciplinados em outro passo, após os contratos, os atos unilaterais e a obrigação de indenizar (arts. 955 a 965).

Capítulo XXX

A MORA

SUMÁRIO: 92. *Noções preambulares*. 93. *Caracterização*. 94. *Mora do devedor*. 95. *Mora do credor*. 96. *Conseqüências*.

92. Noções preambulares

A realização voluntária da prestação devida (ou cumprimento) atinge as funções de liberar o devedor e, ao mesmo tempo, satisfazer o interesse do credor, pondo fim, pois, à obrigação. Normalmente, produz-se de modo espontâneo, permitindo a circulação negocial e propiciando aos interessados a consecução dos objetivos visados.

Mas vicissitudes podem turbar o natural adimplemento da obrigação, surgindo então as diferentes situações de descumprimento (ou inexecução) apontadas, em que se inclui a mora. Caracterizada pelo atraso na consecução da obrigação, a mora desequilibra a posição das partes, causando – assim como os demais fenômenos afins – transtornos para o credor, que a lei procura obviar através da regulamentação de suas conseqüências, que em nossa codificação se espraia por várias disposições (arts. 394 e segs.).

Em consonância com o nosso sistema legal, diz-se em mora o devedor que não efetua o pagamento, ou o credor que o recusa, no tempo, lugar e forma ajustados (art. 394), cabendo acrescentar-se que o conceito se complementa com a existência de participação volitiva do agente, ativo ou passivo, conforme a hipótese.

Em sua qualificação concreta, pressupõe a mora, pois, a conjugação de diversos fatores, tanto em relação ao devedor (*mora solvendi*) como com respeito ao credor (*mora accipiendi*). Aproxima-se, como anotamos, do descumprimento, total ou parcial, mas dele se distingue em função da noção de simples retardamento que a configura, estando presente, nos demais casos, a idéia de inexecução. Mas é do exame das circunstâncias do caso, em especial da postura do agente, que se pode detectar, na prática, a exata figura existente.

Gerando, como as demais hipóteses que ingressam na teoria do descumprimento, o dever de reparar os prejuízos havidos, a regência legal da mora põe em destaque as circunstâncias correspondentes, nos dois pólos, prevendo, ademais, mecanismos de purgação (ou eliminação). A noção fundamental de sua textura está no restabelecimento do equilíbrio nas posições das partes, que as diferentes figuras de inadimplemento provocam, impondo a obrigação de indenizar ao responsável, mas com alcance e com regras próprias para a mora, em razão de suas peculiaridades.

93. Caracterização

A caracterização da mora depende de dois fatores básicos: um objetivo, o atraso em si (a não-observância do tempo, do modo ou da forma convencionados); outro subjetivo, o *animus* (a existência de fato imputável ao agente, por ação ou omissão) (assim, por exemplo, a não-observância do prazo de pagamento por desídia do devedor).

Com efeito, de início deve-se ponderar que, presa à idéia básica de atraso ou retardamento, a mora compreende, em nosso regime, a inexecução no modo e na forma convencionados (ou a execução imperfeita da obrigação). Dessa maneira, considera-se constitutiva de mora tanto a infringência ao tempo como a do lugar e a do modo previstos (assim, o não-pagamento no dia avençado; a entrega da coisa em local diferente, ou sob acondicionamento diverso etc.).

De outro lado, cumpre haver a integração volitiva do agente ao fato da mora, em qualquer das circunstâncias expostas, ou seja, mister se faz que, conscientemente (dolo), ou por culpa simples, tenha ele participado no evento. A prova em concreto é de preceito, salvo quando a lei a presuma, como, por exemplo, nas obrigações com data certa ou nas por delito (mora *ex re*).

Assim, a mora decorre do desrespeito a elementos explícitos, em especial o prazo para pagamento, considerando-se caracterizada pelo simples desrespeito (conforme a regra *dies interpellat pro homine*), mas, à inexistência de termo certo, somente mediante prévia constituição nesse estado é que se configura (com a notificação, judicial ou extrajudicial, conforme a hipótese; com o protesto, ou a citação na ação principal cabível) (CC, art. 397, e CPC, arts. 867 e segs. e 219).

Consoante o sistema codificado, nas obrigações decorrentes de ato ilícito, a mora existe desde a prática respectiva (CC, art. 398) e, nas de fazer, desde a execução da ação que não devia ser efetivada (art. 390).

Mas, não havendo fato ou omissão imputável ao devedor, não existe mora (art. 396), eximindo-se, pois, este de seus efeitos.

Outrossim, o Código estabelece mecanismos próprios de elisão dos efeitos da mora, denominados emenda, ou de purgação da mora, a saber: por parte do devedor, oferecendo a prestação, mais uma importância correspondente aos prejuízos havidos até a data da oferta; por parte do credor, propondo-se a receber a prestação, suportando até a data respectiva os seus efeitos (art. 401). A purgação da mora, que opera para o futuro e se funda em princípio de eqüidade, constitui, assim, atenuação à regra da perpetuação da dívida em razão da mora, sendo possível a qualquer tempo, salvo quando a lei lhe defina prazo (como na realizável em juízo; por exemplo, a advinda de aluguel), ou lhe estipule condições (como na proveniente de alienação fiduciária).

Pode haver, outrossim, cessação dos efeitos da mora por fato extintivo superveniente (novação, remissão etc.), eximindo-se o interessado das conseqüências correspondentes.

Assinale-se, por fim, que mecanismos próprios de purgação da mora são previstos em leis especiais, em função da natureza da relação (de que destacamos: na locação; no financiamento de imóveis loteados; nos contratos sobre loteamentos urbanos; nos contratos imobiliários com cláusula de correção monetária; nos referentes a unidades de condomínio; na alienação fiduciária; nos contratos celebrados à luz da legislação do sistema habitacional).

94. Mora do devedor

Para que se configure a mora do devedor (*mora solvendi*), exigem-se os seguintes pressupostos: existência de dívida positiva e líquida; vencimento da dívida; inobservância culposa do tempo, da forma ou do modo definidos para o cumprimento.

De fato, primeiramente a dívida deve ser proveniente de obrigação certa, de dar ou de fazer (obrigações positivas) e ter definidos os seus contornos (líquidas). Cumpre, pois, consubstanciar-se em uma ação do devedor e ter certos e previstos todos os seus elementos integrantes. Depois, deve estar vencida e haver o fato da infringência das condições fixadas para o cumprimento (assim, na obrigação de dar, a inobservância das estipulações concernentes ao prazo definido, ao local do cumprimento ou ao modo correspondente). Distingue-se, no entanto, quanto ao vencimento, a obrigação sem prazo certo, devendo, nesse caso, haver a prévia comunicação ao devedor, para que possa caracterizar-se a mora (mora *ex persona*). Anote-se, outrossim, quanto às obrigações negativas (de não fazer), que a mora acaba identificando-se com o inadimplemento absoluto, porque a lei a considera presente desde o dia da prática do ato (art. 390).

Configurada a mora, compete ao credor tomar as providências necessárias para a satisfação de seus interesses, inclusive em juízo, pelas ações cabíveis, em razão da natureza das obrigações e dos objetivos visados, cabendo anotar-se que as ações de cobrança, ou de execução, são as mais comuns na matéria.

95. Mora do credor

A caracterização da mora do credor (*mora accipiendi*) depende, por sua vez, dos seguintes elementos: existência de dívida positiva e líquida; ação do devedor para o cumprimento; recusa do credor à prestação.

Com efeito, devem estar reunidos, quanto à dívida, os mesmos pressupostos necessários para a existência da *mora solvendi*, requerendo-se, quanto à postura das partes, o desenvolvimento, pelo devedor, de ação tendente ao cumprimento e, de outro lado, a rejeição da prestação pelo credor. Vale dizer: há que ocorrer oferecimento real da prestação pelo devedor e recusa de recebimento pelo credor, mas injustificada, ou seja, sem razão plausível de direito. Presente a idéia geral de culpa no ato do credor, tem-se que a recusa pode ser expressa, ou tácita, configurando-se pela inexistência de causa legal, quando o devedor procura realizar, nos termos ajustados, a prestação devida.

Incidindo em mora o credor, cabe ao devedor tomar as providências necessárias para a sua liberação, inclusive em juízo, mediante ações próprias, em razão da natureza da obrigação e de seus objetivos, cumprindo assinalar-se que a configuração é a medida específica para o caso.

96. Conseqüências

As conseqüências da mora, explicitadas em nossa codificação, constituem, de um modo geral, sancionamentos impostos ao faltoso, em que se destaca a necessidade de ressarcimento de prejuízos havidos para o credor. Varia o respectivo alcance, em função da natureza da obrigação e da condição do agente, conforme se encontre na posição de devedor ou de credor, cumprindo destacar-se, desde logo, a necessidade de satisfação de juros de mora (art. 404); provado que os juros moratórios não cobrem o prejuízo, e não havendo pena convencional, pode o juiz conceder ao credor indenização suplementar (parágrafo único).

Na mora do devedor, os principais efeitos são os seguintes: responsabilidade pelos prejuízos ao credor ocasionados pela mora (CC, arts. 389 e 395); responsabilidade pela impossibilidade da prestação (art. 399); possibilidade de rejeição da prestação pelo credor (art. 395, parágrafo único), com exigência de perdas e danos. Com efeito, pelo simples fato do atraso, prejuízos podem defluir para o credor, especialmente em razão de negócios outros concatenados. Outrossim, enquanto estiver em seu poder a coisa permitida, suporta o devedor os ônus da perda, do extravio, da destruição etc. Ao credor é facultada, com a mora, a recusa da prestação, podendo cobrar perdas e danos, se aquela lhe for inútil (como, por exemplo, a entrega de mercadoria depois de passado o evento para o qual fora ajustada; a prestação de serviço para certo fim, depois de, por outros meios, haver o credor realizado o seu interesse). Por fim, a responsabilidade do devedor pela impossibilidade da prestação persiste mesmo quando decorrente de caso fortuito ou de força maior, salvo se provar isenção de culpa ou que o dano adviria mesmo quando a obrigação fosse cumprida oportunamente.

Na mora do credor, os efeitos são: liberação do devedor da responsabilidade pela conservação da coisa; obrigatoriedade de ressarcimento, pelo credor, de despesas com a conservação do bem; imposição ao credor de recebimento da coisa pela estimação mais favorável ao devedor (art. 400); possibilidade de consignação judicial da coisa. De início, desde que isento de dolo, fica o devedor liberado, com a recusa do credor, quanto à responsabilidade pela conservação da *res* – cujos riscos passam a ser suportados pelo credor –, fazendo jus, outrossim, ao ressarcimento das despesas que sobrevierem com a sua guarda. De outro lado, havendo oscilação de preço entre o dia estabelecido para o pagamento e o de sua efetivação, o credor terá de receber a coisa pela estimação mais favorável ao devedor. Por fim, como já acentuado, cabe ao devedor, constituindo em mora o credor, o depósito judicial da coisa para posterior liberação do vínculo (arts. 334 e segs.).

Na hipótese de mora recíproca, as partes conservam as respectivas posições na obrigação se simultaneamente ocorridas; mas, havendo sucessividade, apenas a última produzirá efeitos jurídicos, conforme a doutrina.

Capítulo XXXI

AS PERDAS E DANOS

SUMÁRIO: 97. *Delimitação de seu contexto.* 98. *Fixação.* 99. *Liquidação.*

97. Delimitação de seu contexto

O sancionamento próprio à inexecução das obrigações é a satisfação de perdas e danos (CC, arts. 402 e segs.), cabendo ao agente suportar o ônus correspondente, ante o ilícito praticado (desrespeito aos compromissos assumidos), em todas as situações características (inadimplemento total, parcial e mora). Isso significa que, por força do inadimplemento voluntário da obrigação, fica adstrito o agente à reparação dos prejuízos havidos, operando-se, como assinalamos, a substituição da obrigação primígena pela de indenizar (ou responsabilidade civil), desde que presentes os pressupostos próprios: ação, nexo causal e dano.

Desse modo, na linguagem codificada, não cumprida a obrigação, responde o devedor por perdas e danos (art. 389). Assim, da ação desenvolvida pelo agente (positiva ou negativa), com dolo ou com culpa, surge o dever de indenizar o dano verificado, desde que daquela o evento resulte (como nas oportunidades, ou nos negócios que o credor venha a perder, por força de não haver recebido, na data própria, o *quantum* a que se obrigara o devedor).

Tem-se, pois, na idéia da existência de dano uma das bases para a edificação da teoria da responsabilidade contratual. Dano é a diminuição patrimonial, ou moral, sofrida pelo lesado diante do descumprimento, ou a mora. Sua recomposição opera-se exatamente com a indenização imposta ao devedor, que procura restabelecer o equilíbrio na posição do lesado ante o evento faltoso. Destina-se, pois, a indenização a repor, no patrimônio do lesado, a perda havida.

Com isso, a indenização cumpre a função primordial de recomposição do patrimônio ofendido, fundando-se na noção de equivalência, ou seja, de atribuição de valor correspondente à perda determinada pelo descumprimento. Assim, no restabelecimento do equilíbrio patrimonial, compreende o dano emergente e o lucro cessante, isto é, aquilo que a pessoa efetivamente perdeu e aquilo que deixou razoavelmente de ganhar (art. 402).

Como pressuposto da responsabilidade, deve, pois, o dano ser alegado e provado em juízo, para a determinação da indenização cabível. Mas existem situações em que a lei dispensa a alegação, ou a prova do dano, ou prefixa o montante, como nas hipóteses de mora em obrigações pecuniárias (arts. 397 e 404); de exigência de cláusula penal (art. 416); na demanda por dívida já paga (art. 940) e em outras situações definidas quanto a figuras especiais de contrato (como o de edição e o de seguro).

Assim, salvo as exceções legais, cabe ao lesado comprovar os prejuízos sofridos, em toda a sua extensão, devendo ser registrado que a perda de oportunidades, ou de negócios, objetivamente integráveis ao fato do descumprimento, é abrangida na noção de lucro cessante. Aponte-se, por fim, quanto ao dano moral, a desnecessidade de prova de prejuízo, salvo também quanto a reflexos, pois, na hipótese de revestir-se apenas dessa condição, considera-se o prejuízo decorrente do simples fato da violação (no chamado dano moral puro, a respeito do qual existem ainda sancionamentos específicos: os de desagravo, de atribuição de crédito, ou de exigência em espécie).

98. Fixação

Na fixação da indenização devem ser abrangidos os danos positivos e os negativos, ou seja, o desfalque efetivo havido no patrimônio do lesado e o ganho que, pela ausência da prestação, deixou de auferir. Regem a matéria os princípios da integralidade da reparação e da responsabilidade patrimonial do agente.

Desse modo, na determinação das perdas e danos, cumpre verificar-se, de início, a diminuição concreta importada pelo patrimônio do credor, em seus aspectos moral e material, a fim de devolver-lhe o equilíbrio. Depois, há que se definir o lucro cessante, correspondente aos ingressos, que da consecução da prestação seriam possíveis ao lesado, dentro de uma perspectiva objetiva. Ora, na fixação do valor – em que se acaba reduzindo a conversão da prestação em perdas e danos –, mister se faz computar os prejuízos efetivos e os lucros cessantes decorrentes, direta e indiretamente, da inexecução.

Para efeito de delimitação dos contornos da indenização, traça a nossa codificação algumas regras – na linha citada que o juiz deve sopesar, na fixação do *quantum* em concreto, em consonância com o seu prudente arbítrio, a saber: a da redução da indenização, nas obrigações de pagamento em dinheiro, aos juros de mora, custas e honorários advocatícios, sem prejuízo da cláusula penal (art. 404); a da relação direta entre o prejuízo e a inexecução, de sorte que, mesmo em caso de dolo, atribui ao credor apenas valores referentes aos efeitos diretos e imediatos da inexecução (CC, art. 403) (com o que se afasta, por eqüidade, o chamado dano remoto).

O ônus da indenização incide sobre o patrimônio do responsável – salvo quando cabível a execução pessoal –; em havendo mais de um, prevalece a regra da solidariedade (CC, art. 942), cumprindo ao juiz, na definição do valor, atentar para as circunstâncias do caso, levando em conta a posição das partes, o grau de intensidade da lesão e os reflexos decorrentes para o lesado, consoante critérios que a jurisprudência tem delineado nos casos submetidos a nossos tribunais, em razão ainda da natureza da prestação.

Cumpre anotar-se, ainda, que compete ao agente submeter-se aos efeitos da inflação, respondendo, também, pela correção monetária da importância devida até o efetivo pagamento, conforme acentuamos, para que a indenização possa refletir, ou acompanhar, o poder aquisitivo da moeda às ocasiões próprias (CC, art. 404, *caput*).

99. Liquidação

Estabelecidos os critérios gerais para a determinação do montante da indenização, segue-se a respectiva liquidação, sempre que o valor não resulte da convenção entre as partes ou da lei. Liquidação é, portanto, a operação de fixação do *quantum* indenizatório.

Aplica-se a dívidas ilíquidas, objetivando dar-lhe certeza e determinação (corpo certo, quantidade fixa, ou soma definida) (CC, arts. 944 e segs.), obediente a certas normas, previstas nas codificações civil e de processo civil.

A liquidação pode processar-se por força de norma legal (ou seja, quando a lei predetermina o montante, como nas hipóteses citadas, de mora de demanda por dívida não vencida, ou paga, e outras); por convenção das partes, através de estipulação de cláusula penal (que funciona como predefinição consensual do valor das perdas e danos); por sentença judicial (quando em juízo debatida a questão e inexistir prefixação legal ou convencional). Assim, de modos diversos pode-se alcançar o valor devido, cabendo ao intérprete verificar, em cada situação, o regime correspondente, devendo anotar-se, quanto a dívida não vencida, que, além de esperar o tempo, o credor deve descontar os juros respectivos e pagar as custas em dobro (art. 939) e, quanto a dívida paga, fica o credor sujeito a pagamento em dobro, ou o equivalente ao que o devedor exigir, se no todo, ou em parte (art. 940).

Em consonância com o regime codificado: não podendo a obrigação ser cumprida em espécie, substitui-se por moeda a prestação (art. 947); existindo cláusula penal, deve-se verificar se estipulada para a hipótese de descumprimento total ou parcial, funcionando, na primeira, como alternativa para o devedor (art. 410) e, na segunda, tornando possível a exigibilidade da prestação e da pena (art. 411); na fixação dos juros de mora (art. 406), que prescinda da alegação de prejuízo (art. 407), leva-se em conta a data; e, por fim, existindo arras (ou sinal), deve-se atentar para o seu caráter penitencial (arts. 418 e 420), resumindo-se à sua perda a conseqüência convencionada.

À consecução do pagamento chega-se por instrumento particular, quando ajustado entre as partes, ou por fixação em sentença judicial, nas ações cabíveis, ordinárias ou de execução, conforme o caso, exigindo-se sempre a quitação, quando saldado o valor. Pode-se, pois, cuidar de cobrança (CPC, arts. 274 e segs.), de execução de dívida (arts. 566 e segs., por título judicial ou extrajudicial) ou em espécie, para prestação de declaração (art. 612), contra devedor solvente, ou insolvente, conforme o caso, prevendo-se, quando necessário, o concurso de credores (insuficiência patrimonial do devedor e multiplicidade de credores).

Capítulo XXXII

OS JUROS MORATÓRIOS

SUMÁRIO: 100. *Conceituação*. 101. *Disciplina legal*.

100. Conceituação

Outro efeito advindo da inexecução de obrigação é a submissão do devedor ao pagamento de juros de mora, que no Código se encontram regulados sob a epígrafe "juros legais" (arts. 406 e 407). Representam, pois, a contrapartida, convencional ou legal, pelo atraso no cumprimento da obrigação. Investem-se, assim, na condição de componentes da indenização, integrando a teoria do inadimplemento.

Aos juros moratórios ficam sujeitos os devedores inadimplentes, ou em mora, independentemente de alegação de prejuízo. Defluem, portanto, conforme a lei, pelo simples fato da inobservância do prazo para o adimplemento, ou não havendo, da constituição do devedor em mora pela notificação, protesto, ou interpelação, ou pela citação na ação própria, esta quando ilíquida a obrigação. Não sendo obrigação em dinheiro, começam a contar-se desde a fixação do respectivo valor, em instrumento de acordo, com sentença ou em laudo arbitral. Nos títulos de crédito, a contagem inicia-se do respectivo protesto.

A cláusula de juros pode ser inserida no ajuste com efeitos compensatórios, exercendo os juros, nesse caso, a sua função precípua remuneratória, de fruto do capital empregado (como nos contratos de mútuo ou de financiamento). São normalmente convencionais e obedientes aos limites legais, em consonância com as regras codificadas e a legislação especial de controle da usura. Consideram-se então frutos civis advindos do dinheiro, ou bens acessórios (art. 95), remunerando o credor pela privação do uso do capital, por certo tempo, e em face do risco do reembolso. Mas também existem juros previstos em lei, como os relativos a investimentos e a financiamentos bancários, e os referentes a financiamento pelo sistema oficial de habitação, submetidos, no entanto, a regime próprio, quanto à sua compensação, suas taxas, variações e correção monetária, aplicando-se apenas às relações com os agentes financiadores ou operadores autorizados.

Os juros de mora podem, por sua vez, também ser legais ou convencionais, facultando-se, pois, às partes a sua previsão e estipulação da taxa própria, que, inexistindo, dá margem à aplicação do percentual legal.

101. Disciplina legal

Na disciplina da matéria, distinguem-se os juros moratórios em convencionais e legais. Dispõe o novo Código que, quando os juros moratórios não forem convencionados, ou o forem sem taxa estipulada, ou quando provierem de determinação de lei, serão fixados segundo a taxa que estiver em vigência para a mora do pagamento de impostos devidos à Fazenda Nacional (CC, art. 406).

Os juros não dependem de alegação de prejuízo e são devidos qualquer que seja a prestação. Com efeito, conforme estatui a nossa codificação, mesmo sem a argüição de dano, cumpre ao devedor saldar os juros de mora, tanto em dívidas de dinheiro como em prestações de outra natureza, ficando a respectiva contagem dependente da fixação do valor em sentença, em arbitramento ou em acordo entre os interessados (art. 407).

Na cobrança judicial dos juros, entende-se que, implícitos no pedido, podem os legais ser impostos ao vencido pela sentença. Mas discute-se se, omissa a sentença, podem em liquidação ser obtidos, parecendo-nos mais acertada, nessa hipótese, a não-incidência, em razão da própria natureza do ato decisório.

Capítulo XXXIII

A CLÁUSULA PENAL

SUMÁRIO: 102. *Noção*. 103. *Características*. 104. *Espécies*. 105. *Regime jurídico*.

102. Noção

Outra conseqüência da inexecução da obrigação é a submissão do agente à cláusula penal, modalidade convencional de sanção ao devedor inadimplente, que consiste na estipulação de uma multa em dinheiro ou outra prestação, para as hipóteses de não-cumprimento ou atraso. Cláusula penal é, portanto, pacto acessório destinado a obviar os efeitos do descumprimento, total ou parcial, da obrigação, ou da mora. Objetiva, pois, primordialmente, reforçar a obrigação assumida, como instrumento de coação do devedor. Mas representa também prévia estimação das perdas e danos diante do eventual descumprimento, ou da mora, exercendo, nesse passo, função indenizatória (CC, arts. 408 e segs.).

Existente desde tempos antigos, constitui adminículo que se insere em contrato, em testamento, ou em outros negócios de interesse jurídico, com os fins assinalados. Com isso, proporciona maior garantia ao credor quanto ao cumprimento da avença, bem como predetermina o valor da indenização em caso de não haver satisfação da prestação. Evitam-se, com a sua inserção, ademais, a alegação e a prova de prejuízo em concreto.

Marcada, em sua estruturação, por caracteres próprios, que lhe conferem individualidade dentro da teoria obrigacional, distingue-se de institutos outros que lhe são afins. Assim, de início, não se confunde com a obrigação alternativa, pois, como vimos, esta pressupõe prestações distintas à escolha do credor, enquanto a cláusula penal é previsão convencional das conseqüências para os casos de inadimplemento, exigindo, pois, o prévio desrespeito à obrigação para a sua atuação. Também se separa das arras, com as quais comunga a natureza de garantia, porque aquelas se referem a sancionamento ao exercício do direito de arrependimento, fazendo desaparecer a obrigação; ademais, agindo a favor do devedor, enquanto a cláusula penal beneficia o credor, distanciam-se os institutos ainda quanto à respectiva atuação, sujeita a da cláusula penal à quebra do compromisso. Além disso, deve-se registrar a diferença entre cláusula penal e multa penitencial, uma vez que esta constitui valor estipulado pelas partes para a faculdade de terminação da relação contratual, funcionando assim como alternativa para os interessados, cujo pagamento extingue a obrigação; na cláusula penal, não há liberação do devedor com a oferta de quantia preestabelecida, pois ao credor se outorga a iniciativa da reação. Na cláusula, atenta-se para o descumprimento ou para o cumprimento inadequado, enquanto naquela se cuida de indenização por expectativa frustrada.

A cláusula penal pode ser instituída no próprio instrumento do negócio, ou em ato posterior, comportando como objeto não só dinheiro como também bens outros. É conhecida também como liquidação *à forfait* das perdas e danos. Suprindo-as, pois, previamente, não comporta com elas acumulação em concreto, mas, como efeito da sucumbência na ação própria, fica o devedor sujeito ao pagamento de honorários de advogado e de custas. A vantagem em relação às perdas e danos está exatamente em razão da dispensa de alegação e de prova do prejuízo. Mas, mesmo que o prejuízo a exceda, não pode, ao reverso, o credor exigir complementação, a menos que convencionada.

A exigibilidade em concreto depende da concorrência dos seguintes elementos: existência de obrigação principal; inadimplemento; imputabilidade do devedor. Requer-se, assim, que haja obrigação válida, descumprida por culpa do devedor, com a estipulação correspondente.

Inserida no Código de 1916 entre as modalidades de obrigações, como especial, encontra, no entanto, no novo Código, a localização mais adequada, ou seja, na parte referente ao inadimplemento, dada a sua finalidade. Aliás, a taxinomia da cláusula penal sempre tem sido discutida na doutrina e variada a inserção nas codificações, mas o seu relacionamento direto com as vicissitudes pelas quais pode passar a execução aconselha o posicionamento citado.

103. Características

A doutrina tem apontado as características básicas da cláusula penal, comuns, de pronto, aos demais negócios de ordem contratual. Mas específicos são: a acessoriedade; a obrigatoriedade; a condicionalidade.

Com efeito, a acessoriedade resulta da inserção da cláusula em um negócio jurídico, subordinada à inexecução de obrigações. É pacto adjeto, desde a origem, atuando a respectiva força ante evento futuro e incerto da inexecução.

Da obrigatoriedade resulta a submissão do devedor a seus termos; constrangendo-o, assim, a cumprir a obrigação, atinge-o, no entanto, ante o descumprimento, ou a mora.

Diante da condicionalidade, tem-se a sua atuação sujeita ao evento da inexecução, fato futuro e incerto. Assim, opera efeitos somente quando não se satisfazem os interesses do credor na relação obrigacional.

Acresce anotar, ainda, que a cláusula em questão se reveste de caráter subsidiário, com exceção da previsão para a mora, pois acaba por substituir a obrigação principal não executada pelo devedor.

A par disso, há que se registrar a sua condição de predefinidora das perdas e danos, com que enfatiza a cláusula como modo de liquidação prévia do valor referente à indenização. Nesse sentido, é, normalmente, insuscetível de modificação, salvo quando excedente ao valor do contrato, ou já houver sido cumprida, em concreto, parte da prestação ajustada.

Registre-se, por fim, que aos interessados compete fixar o respectivo valor, obedecidos os parâmetros definidos em nossa codificação e respeitados os limites porventura fixados em lei. Assim, a multa moratória não pode exceder a 2% nas prestações devidas pelos condôminos em edifícios (CC, art. 1.336, § 1º).

104. Espécies

A cláusula penal pode relacionar-se ao descumprimento total da obrigação, a alguma cláusula especial ou à mora, reconhecendo a doutrina as duas espécies tradicionais: a compensatória e a moratória.

Cláusula compensatória é aquela referente ao descumprimento total. Nessa modalidade, ocorrendo o inadimplemento, abre-se alternativa ao credor, que poderá optar entre a exigência da cláusula e o adimplemento da obrigação.

Cláusula penal moratória é a ajustada para a hipótese de simples mora. Nesse caso, ao credor cabe o direito de cumular a pena convencional com a obrigação principal. Também na segurança especial de cláusula determinada (ou cumprimento irregular), a cláusula penal permite essa acumulação (como, por exemplo, a referente ao local, ao acondicionamento do bem etc.).

Diferem, assim, as duas espécies, seja quanto à vicissitude sofrida pela obrigação (descumprimento ou mora), seja quanto aos efeitos (opção ou cúmulo na cobrança). Justificam-se as diversidades em razão do alcance do gravame, pois no inadimplemento é, normalmente, mais onerosa a cláusula, correspondendo, economicamente, ao valor da prestação descumprida, enquanto no simples atraso mecanismos mais leves são estipulados. Com isso, têm sido estabelecidas as diferenças entre as espécies: na referente ao inadimplemento, a cláusula substitui a obrigação não executada; na relativa à mora, cumula-se à sua exigência a própria execução da prestação visada.

Mas, na prática, nem sempre se mostra fácil a detecção da espécie, cumprindo ao intérprete analisar com cautela a situação para a sua identificação. Perquirindo-se a vontade dos interessados, o tipo de prestação, a sua expressão, pode-se alcançar o seu real significado.

As conseqüências são diversas: na cláusula compensatória, o valor correspondente, como constitui predeterminação das perdas e danos, indeniza o credor pela ausência da prestação; na cláusula moratória, não lhe resta, senão, acionar o devedor para obter a prestação devida, acrescida da sanção moratória. Não há, nesse caso, qualquer alternativa para o credor, como na cláusula compensatória, em que se lhe possibilita exigir uma ou outra (pena ou prestação).

Nada impede, outrossim, a previsão de espécies diferentes de cláusulas penais em um mesmo negócio jurídico, estipulando-se, por exemplo, sanção indenizatória para o descumprimento total, multa de mora para o atraso, ou reforço a uma cláusula determinada.

105. Regime jurídico

O regime jurídico da cláusula penal procura evidenciar as suas funções, divide as espécies e seus efeitos, estabelecendo, ademais, regras complementares quanto ao seu relacionamento com a obrigação principal.

Assim, após prescrever que a cláusula pode ser ajustada conjuntamente com a obrigação ou em ato posterior (art. 409), evidencia a nossa codificação as duas espécies: a compensatória, relativa à inexecução completa da obrigação, de que se destaca a referente a alguma cláusula especial, e a relacionada à mora (art. 409).

Quanto aos efeitos, a estipulação para a hipótese de inadimplemento total opera a conversão da obrigação em alternativa a benefício do credor (art. 410). A fixação para o caso de mora, ou de cláusula especial determinada, faculta ao credor o direito de exigir a satisfação da pena cominada com o desempenho da obrigação principal (art. 411).

Incorre na cláusula penal o devedor desde que, culposamente, deixe de cumprir a obrigação ou se constitua em mora (art. 408). No relacionamento com a obrigação principal, a regra básica é a de que o valor cominado na cláusula penal não pode exceder o da obrigação principal (art. 412). O princípio que norteia a matéria é o de que o acessório segue o principal, devendo o respectivo valor guardar proporcionalidade com o da obrigação primígena.

Na cobrança da cláusula, não há necessidade de alegação de prejuízo (art. 416); ainda que o prejuízo exceda o previsto na cláusula penal, não pode o credor exigir indenização suplementar se assim não foi convencionado; se o tiver sido, a pena vale como mínimo da indenização, competindo ao credor provar o prejuízo excedente (parágrafo único). Mas a penalidade deve ser reduzida eqüitativamente pelo juiz se a obrigação principal tiver sido cumprida em parte, ou se o montante da penalidade for manifestamente excessivo, tendo-se em vista a natureza e a finalidade do negócio (art. 413), evitando-se enriquecimento sem causa do argüente.

Para concluir a regulamentação legal existente, deve-se anotar que, sendo indivisível a obrigação, todos os devedores e seus herdeiros, desde que haja falta de qualquer deles, incorrem na pena, a qual só poderá, no entanto, ser cobrada do culpado, respondendo os demais pelas respectivas cotas (art. 414); aos não culpados cabe o direito de regresso contra o causador da aplicação da sanção (parágrafo único).

Outrossim, sendo divisível a obrigação, só incorre na pena o devedor, ou seu herdeiro, que a desrespeitar e proporcionalmente à parte respectiva (art. 415).

Capítulo XXXIV

AS ARRAS

SUMÁRIO: 106. *Conceituação.* 107. *Espécies.* 108. *Regulamentação legal.*

106. Conceituação

Outra estipulação com caráter indenizatório é a das arras, ou sinal. Arras são a quantia (ou bem móvel) que uma das partes adianta à outra para a consecução do contrato, em função de futuro arrependimento; ligadas, pois, à faculdade de retrato, correspondem à indenização da outra parte em caso de seu exercício (CC, arts. 417 e segs.).

Oriunda de tempos antigos, na confirmação dos esponsais, evoluiu, no entanto, essa cláusula para o campo negocial, encontrando dois posicionamentos básicos nas codificações: o primeiro, com a ênfase de sua função indenizatória; o segundo, com a confirmatória. Embora tenha o referido caráter, o relacionamento com o direito de arrependimento e o alcance que nele assume são a expressão maior em sua qualificação como indenizatória, suprindo as perdas e danos; daí por que o novo Código inclui a matéria na teoria do inadimplemento, em seguida à cláusula penal.

Com efeito, as transformações que se processaram no meio negocial puseram em evidência o aspecto enfatizado, ficando em segundo plano a noção de mero mecanismo confirmatório da conclusão do contrato. Realmente, as arras assumem um papel de relevo em matéria de extinção da obrigação sem cumprimento, liberando-se a parte com o exercício do arrependimento e indenizando-se, por tal, o outro contratante.

Nesse sentido, aproximam-se da cláusula penal, mas, diferentemente desta, são ajustadas em contratos preliminares (pactos *de contrahendo*), possibilitando à parte que se esquive à formação do contrato (sempre bilateral) definitivo (ou seja, autorizam a terminação da relação). A cláusula penal, ínsita em contratos definitivos, ou outros negócios jurídicos, objetiva reforçar, como assinalamos, a execução da avença.

Ora, exercendo função indenizatória, as arras elidem ação desse teor, mostrando-se, outrossim, com a de perdas e danos, insuscetível de acumulação. Mas se decorrer da vontade das partes e em razão de valor inexpressivo, pode haver a conjugação, em concreto, com a respectiva exigibilidade, entre arras e cláusula penal. Além disso, na execução fluirão juros de mora, custas e honorários, como natural ante a sucumbência.

Mas, terminada a relação contratual por acordo, ou impossibilitada a prestação sem culpa das partes, perdem as arras a finalidade, devendo apenas ser restituído o seu valor (arras simples).

107. Espécies

As arras são confirmatórias ou penitenciais. As primeiras indicam a conclusão definitiva do contrato, e as segundas, convencionadas em razão da reserva do direito de arrependimento, consistem na pré-aceitação do valor da indenização diante do respectivo exercício.

Como efeitos das arras confirmatórias, tem-se a presunção de haver ocorrido a conclusão do contrato e a imediata assunção de seu caráter obrigatório. Nesse sentido, reputam-se ajustadas as partes e vinculadas à execução do contrato, tornando-se este lei entre os interessados (*arrha in signum*).

Como conseqüência das arras penitenciais (*arrha ad jus poenitendi*), ficam as partes livres para o exercício do direito de arrependimento, representando o respectivo valor a indenização acordada. A faculdade de retratação, que se estende até a execução total da obrigação, é comum às partes, respondendo cada qual pelos efeitos previstos na lei.

A efeitos diversos submetem-se as suas espécies, sendo de notar-se que, modernamente, a segunda é que vem, na prática, exercendo função de relevo, em face da posterior possibilidade de arrependimento de qualquer um dos contratantes.

108. Regulamentação legal

Na regulamentação vigente, prescreve o novo Código, inicialmente, que, se por ocasião da conclusão do contrato, uma parte der à outra, a título de arras, dinheiro ou outro bem móvel, deverão as arras, em caso de execução, ser restituídas ou computadas na prestação devida, se do mesmo gênero da principal (art. 417).

Se no contrato for estipulado o direito de arrependimento para qualquer das partes, as arras ou sinal não terão função unicamente indenizatória. Neste caso, quem as deu perdê-las-á em benefício da outra parte; quem as recebeu, por sua vez, devolvê-las-á, mais o equivalente. Em ambos os casos não haverá direito a indenização suplementar (art. 420).

Se a parte que deu as arras não executar o contrato, poderá a outra tê-lo por desfeito, retendo-as; se a inexecução for de quem recebeu as arras, poderá quem as deu haver o contrato por desfeito, exigindo sua devolução mais o equivalente, com atualização monetária segundo índices oficiais regularmente estabelecidos, juros e honorários advocatícios (art. 418).

A parte inocente pode pedir indenização suplementar, se provar maior prejuízo, valendo as arras como taxa mínima. Outrossim, pode a parte inocente exigir a execução do contrato, com as perdas e danos, valendo as arras como o mínimo da indenização (art. 419).

Capítulo XXXV

A EXECUÇÃO FORÇADA

SUMÁRIO: 109. *Inadimplemento e execução judicial.* 110. *Garantias e efeitos.* 111. *Processos de execução individual e coletiva.*

109. Inadimplemento e execução judicial

Não cumprida, de modo espontâneo, a obrigação, e baldadas as tentativas amistosas, compete ao credor obter coativamente a satisfação de seus interesses, acionando os mecanismos estatais próprios. Tem-se então a execução forçada, com a intervenção do juiz, que, integrado à relação jurídica processual, compele o devedor à consecução da pretensão deduzida pelo credor, a saber: resolução do contrato; recebimento da prestação ajustada; ressarcimento de danos ou a cumulação de pedidos, conforme o caso.

Com efeito, o não-cumprimento da obrigação confere ao credor a faculdade de expor em juízo a sua pretensão, para obter sentença que lhe sirva de título de execução (CPC, art. 584), a menos que a obrigação já esteja ínsita em título extrajudicial com essa força (CPC, art. 585). Reconhecida a procedência do pedido, por decisão definitiva, arma-se o credor com o direito à execução, na qual o devedor é forçado a, segundo a situação, agir para o alcance dos fins assinalados, na realização da pretensão do credor: desvinculação do ajuste, ressarcimento do dano havido, obtenção da prestação visada ou, mesmo, quando possível, a cumulação de sanções. Na execução por título extrajudicial (títulos de crédito, como a letra de câmbio, a duplicata, a nota promissória, o cheque e outros), o objetivo precípuo é o recebimento do valor do crédito ínsito na cártula, realizando-se a mora do devedor, normalmente, com o respectivo protesto.

A execução pode ser específica (direta) ou genérica (indireta), consoante se objetive a efetivação da própria prestação ou a percepção de valores correspondentes, ou equivalentes, no patrimônio do devedor, sempre em função da natureza da obrigação e das circunstâncias do momento (existência e possibilidade).

A regra é a da execução específica, como corolário natural da satisfação do crédito, exceto nos casos de impossibilidade (como na inutilidade da prestação) e de constrangimento intolerável para o devedor. Mas, na prática, tem prosperado a execução genérica, ante a resistência do devedor, acabando o ônus a ser suportado pelo seu patrimônio (salvo os casos possíveis de realização pessoal, ou por meio de terceiro, ou aqueles em que o permita a natureza da obrigação). Com efeito, desde os tempos romanos, com a ruptura da regra da responsabilidade sobre a pessoa, é o patrimônio do devedor que suporta os ônus das obrigações assumidas, não se admitindo mais violências contra o ser humano diante do reconhecimento dos direitos da personalidade.

A execução perfaz-se em consonância com as regras previstas no estatuto processual, que realça a questão da responsabilidade, estabelece regras gerais sobre a matéria, cuida das várias espécies de execução, tanto individual, como coletiva, em que se destacam a por quantia certa, contra devedor solvente e contra insolvente; a para entrega de coisa; e a para execução de obrigações de fazer ou de não fazer (CPC, arts. 566 e segs.). O devedor é citado para dar bens a penhora, ou a suportá-la, defendendo-se depois via embargos, até a sentença final, obtendo o credor a satisfação de seu crédito, mediante expropriação dos bens do devedor (quando em dinheiro), ou outra sanção e, ante a sucumbência, ao devedor caberá suportar ainda custas, honorários e correção monetária do valor até o pagamento efetivo (Lei nº 6.899, de 8.4.81, e demais disposições especiais existentes).

110. Garantias e efeitos

A garantia precípua para a execução, ou não-cumprimento da obrigação, é o patrimônio do devedor, que se vincula assim aos negócios por ele efetivados, servindo depois para a realização do interesse do credor. Esse é o meio assecuratório próprio no plano negocial, desde a referida concepção romana e comum a todos os credores, que dispõem, pois, do poder geral de vinculação do patrimônio do devedor para receber a prestação a que fazem jus, ou seu equivalente. Gozam, ademais, em princípio, de igual direito sobre os bens componentes, salvo os preferenciais.

O patrimônio do devedor responde por suas obrigações até a total satisfação dos créditos, excetuados certos bens que se consideram absolutamente impenhoráveis, como um mínimo necessário à sua sobrevivência ou a reserva de certos valores pessoais básicos, que escapam mesmo à execução judicial (CPC, art. 649). Não sendo suficientes os bens do devedor, sujeitam-se os credores a rateio, em proporção ao montante dos respectivos créditos, em concurso de preferências ou execução coletiva.

Mas, ao lado da garantia natural, outras podem ser instituídas por lei, ou mesmo por convenção entre as partes, para efeito de assegurar o cumprimento da obrigação. São as chamadas garantias especiais, em que se alinham os privilégios e as garantias reais (títulos legais: CC, art. 958) e as garantias pessoais e as cláusulas próprias (voluntárias). Dão origem a créditos preferenciais, que se sobrepõem aos quirografários.

Decorrentes da lei e em razão da natureza da obrigação, os privilégios são garantias conferidas a titulares de certas relações obrigacionais a que o legislador quis conferir prioridade na percepção, ante a confluência de vários créditos. Vale dizer: são favores concedidos para, em concurso de credores, permitir-se a seus titulares preferência na escala de pagamentos, ficando os demais com direito apenas sobre o remanescente, ou seja, depois de satisfeitos os privilegiados. Os privilégios são de duas espécies: especial e geral, o primeiro referente a bens sujeitos ao pagamento do crédito a que se vinculam; o segundo relativo a todos os bens que compõem o patrimônio do devedor, com exceção dos garantidos por crédito real, ou privilégio especial (CC, art. 963). As relações de bens privilegiados estão, por expresso, indicadas na codificação vigente (os de privilégio especial no art. 964, e os de privilégio geral no art. 965), admitidos outros previstos em leis próprias (como os de debêntures).

As garantias são medidas tendentes a reforçar o vínculo obrigacional, mediante a submissão do patrimônio do obrigado, ou de outrem, seja com a estipulação em ajustes, ou cláusulas próprias, seja em decorrência da lei (e com alcances diversos, mas tendentes a possibilitar a realização do crédito).

Garantias reais são aquelas que incidem diretamente sobre certos bens, que se vinculam à satisfação do crédito, constituindo-se o ônus legal ou voluntariamente (como a hipoteca, o penhor e os demais direitos reais: CC, arts. 1.225 e segs.). A determinação das preferências perfaz-se em consonância com as regras próprias do direito das coisas para cada espécie (ou direitos reais: CC, arts. 1.225 e segs.). O credor exerce *ius in rem*, dispondo de posição jurídica vantajosa em relação aos comuns, ou quirografários.

Garantias pessoais são as que atam as pessoas a obrigações assumidas por outrem (como a fiança e o aval). São acessórios às obrigações principais e gozam de direitos próprios os seus titulares em relação ao assegurado (como, além de outros efeitos, o de, quando demandado para pagamento da dívida, exercer o fiador o direito de pedir sejam primeiro excutidos os bens do devedor: art. 827), em caso de descumprimento da obrigação.

Além disso, cláusulas assecuratórias das obrigações assumidas exercem influência própria na matéria, como a cláusula penal, as arras, a cláusula resolutiva e as de garantias especiais, já debatidas às ocasiões próprias.

Por fim, cumpre registrar o direito de retenção, decorrente da lei, que tem o credor de certas prestações (como a proveniente de benfeitorias efetivadas em bens alheios), e consistente na não-entrega de um bem enquanto não satisfeito o crédito (CC. arts. 1.219 e 1.495).

Na ordem definida na lei, os créditos reais preferem aos pessoais, com exceção das dívidas que, em virtude de outras leis, devam ser pagas precipuamente a quaisquer outros créditos (CC, art. 1.422 e parágrafo único); o pessoal privilegiado tem prioridade sobre o simples e o privilegiado especial sobre o geral (CC, art. 961). Os créditos trabalhistas e tributários ascendem, por sua vez, à escala máxima das prioridades, o que torna complexa a ordem de escalonamento, cuja detecção depende da conjugação de vários textos legais.

Na concorrência de dois ou mais credores de mesma classe, o regime vigente preceitua que deve haver rateio, proporcional ao valor dos respectivos créditos, se o produto não bastar para o pagamento integral de todos (art. 962).

Os pagamentos deverão, ao término do processo próprio, seguir a escala devida, cabendo ao administrador obter a quitação dos interessados, até a completa exaustão de seus direitos, ou a superveniência de causa extintiva, aplicando-se, no mais, as regras definidas no estatuto civil (arts. 955 e segs.) e processual (arts. 748 e segs.).

A ordem vigente é a seguinte, pagas as custas do processo: créditos trabalhistas, provenientes de acidentes do trabalho, de indenizações e de salários; créditos tributários; créditos parafiscais (contribuições previdenciárias e sociais); encargos e dívidas da massa; créditos com garantia real (hipoteca, penhor etc.); créditos com privilégio especial; créditos com privilégio geral; e créditos quirografários (contratuais e outros sem privilégio).

111. Processos de execução individual e coletiva

A execução pode ser intentada contra devedor solvente, ou insolvente, considerado consoante tenha, ou não, capacidade o respectivo patrimônio de suportar todos os créditos, pois sempre que as dívidas excedam à importância dos bens do devedor, institui-se o concurso de credores (CC, art. 955; CPC, art. 748). Assim, a execução pode ser individual ou coletiva, esta quando insolvente o devedor e denominada concurso universal de credores.

Na execução individual, observados os requisitos próprios, em que se enfatizam o inadimplemento do devedor e a existência de título executivo, volta-se o credor contra o devedor, observando-se as normas e os mecanismos próprios definidos no estatuto processual (arts. 612 a 735, em que se prevêem as diferentes espécies de execução).

Na execução coletiva, requerida a declaração de insolvência, por credor, ou pelo próprio devedor, reúnem-se no mesmo processo os diversos interessados, com títulos exigíveis judicialmente, ficando a massa de bens sob a custódia e a administração da pessoa nomeada pelo juiz, a qual tem, por sua vez, funções de direção e de superintendência. Integrados os credores ao processo, com a habilitação de seus créditos, segue-se a sua classificação, para pagamento, por meio de rateio, obedecida a ordem de preferência. Liquidado o acervo, não havendo sido satisfeitos todos os credores, permanece vinculado às dívidas o devedor, até posterior realização dos créditos, ou a ocorrência da prescrição, que se fixa em cinco anos do encerramento do processo de insolvência (CPC, arts. 748 a 786).

Além da execução e como medidas preparatórias, conservatórias ou preventivas, existem ações outras tendentes a garantir a consecução do crédito, de cunho cautelar, como o seqüestro, o arresto, a busca e apreensão e outras (CPC, arts. 796 e segs.). Registre-se, outrossim, como mecanismo de coerção para o adimplemento de obrigação a prisão civil, cabível quanto a depositário infiel e a devedor de alimentos.

Deve-se anotar, na execução coletiva, a possibilidade de ação tendente a anular negócios praticados com fraude contra credores (ação pauliana, ou revocatória), a fim de repor o bem no patrimônio do devedor e, assim, compor o acervo sobre o qual exercerão aqueles seus direitos (CC, arts. 158 e segs.). De outro lado, não se inserem no concurso certos bens do devedor: os inalienáveis, o bem de família e os isentos por lei (CC, arts. 813, 1.911 e 1.715, dentre outros).

Frise-se, por fim, que, a par dos pagamentos aos créditos existentes, ao devedor caberá, em conformidade com os efeitos do inadimplemento e da sucumbência, responder por custas e despesas processuais, juros de mora e correção monetária, até a completa liquidação do débito.

BIBLIOGRAFIA

ANDRADE, Abel. *A vida do direito civil.* Coimbra: Imprensa da Universidade, 1898.

ANDRADE, Manuel Rodrigues de; ALARCÃO, Ruy de. *Teoria geral das obrigações.* Coimbra: Almedina, 1966.

BARASSI, Ludovico. *La teoria generale delle obbligazioni.* Milão: Giuffrè, 1964.

BAUDOIN, Jean Louis. *Les obligations.* Montreal: Presses de Montréal, 1970.

BETTI, Emilio. *Teoria generale delle obbligazioni.* Milão: Giuffrè, 1953.

BEVILÁQUA, Clóvis. *Código Civil comentado.* Rio de Janeiro: Editora Rio, 1976.

CARBONNIER, Jean. *Droit civil – les obligations.* Paris: Presses Universitaires de France, 1979.

CHARMONT, Joseph. *Les transformations du droit civil.* Paris: Armand Colin, 1912.

CIMBALI, Enrico. *A nova fase do direito civil.* Porto: Chardon; Rio de Janeiro: Francisco Alves, 1900.

COSTA, Mario Julio de Almeida. *Direito das obrigações.* Coimbra: Atlântica, 1968.

CUPIS, Adriano de. *Teoria e pratica del diritto civile.* Milão: Giuffrè, 1967.

DEMOGUE, René. *Traité des obligations en général.* Paris: Arthur Rousseau, 1925.

DE PAGE, Henri. *Traité élémentaire de droit civil belge.* Bruxelas: Émile Bruyant, 1962, v. 2 e 3.

DIEZ-PICAZO, Luiz. *Fundamentos del derecho civil patrimonial*. Madri: Tecnos, 1972.

DINIZ, Maria Helena. *Curso de direito civil brasileiro*. São Paulo: Saraiva, 1989, v. 2, "Teoria geral das obrigações".

ESPÍNOLA, Eduardo. *Sistema do direito civil brasileiro*. 4. ed. Rio de Janeiro: Francisco Alves, [s.d.].

FERRARA, Luigi Cariota. *Il negozio giuridico*. Nápoles: Morano, [s.d.].

FRANÇA, Rubens Limongi. *Manual de direito civil*. São Paulo: Revista dos Tribunais, 1975, v. 4, 1, "Doutrina geral das obrigações".

GAUDEMET, Eugène et al. *Théorie générale des obligations*. Paris: Sirey, 1965.

GHESTIN, Jacques. *Traité de droit civil – les obligations*. Paris: Librairie Générale, 1980.

GIL, Antonio Hernandez. *Derecho de obligaciones*. Madri: Rivadeneyra, 1960.

GIORGI, Giorgio. *Teoria delle obbligazioni nel diritto moderno italiano*. Firenze: Fratelli Commelli, 1892.

GOMES, Orlando. *Transformações gerais do direito das obrigações*. São Paulo: Revista dos Tribunais, 1968.

_____. *Obrigações*. Rio de Janeiro: Forense, 1976.

GONÇALVES, Luiz da Cunha. *Tratado de direito civil*. 2. ed. São Paulo: Max Limonad, [s.d.].

HEDEMANN, J. W. *Tratado de derecho privado*. Madri: Revista de Derecho Privado, 1958.

JOSSERAND, Louis. *Derecho civil*. Buenos Aires: Bosch, 1951.

LACERDA, Paulo de. *Manual do Código Civil brasileiro*. Rio de Janeiro: J. Ribeiro dos Santos, 1927.

LARENZ, Karl. *Derecho de obligaciones*. Madri: Revista de Derecho Privado, 1959.

LONGO, G. *Diritto delle obbligazioni*. Torino: Torinese, 1950.

LOPES, Miguel Maria de Serpa. *Curso de direito civil*. Rio de Janeiro: Freitas Bastos, 1966, v. II, "Obrigações em geral".

MARTY, Gabriel; RAYNAULD, Pierre. *Les obligations*. Rio de Janeiro: Paris: Sirey, 1962.

MAZEAUD, Henri; LEON, Jean. *Leçons de droit civil*. Paris: Montchrestien, 1978, "Obligations".

MESSINEO, Francesco. *Il contratto in genere*. Milão: Giuffrè, 1972.

MIRANDA, F. C. Pontes de. *Tratado de direito privado*. Rio de Janeiro: Borsói, 1972, v. 22 e segs., "Direito das obrigações".

MONTEIRO, Washington de Barros. *Curso de direito civil.* São Paulo: Saraiva, 1977, v. 4, "Direito das obrigações".

NONATO, Orozimbo. *Curso de obrigações.* Rio de Janeiro: Forense, 1959.

PEREIRA, Caio Mário da Silva. *Instituições de direito civil.* Rio de Janeiro: Forense, 1981, "Teoria geral de obrigações".

PLANIOL, Marcel; RIPERT, Georges. *Traité pratique de droit civil français.* 2. ed. Paris: Librairie Générale, [s.d.].

PONT, Manuel Broseta. *La empresa, la unificación de obligaciones y el derecho mercantil.* Madri: Tecnos, 1965.

RIPERT, Louis Marie Georges. *La règle morale dans les obligations civiles.* Paris: Librairie Générale, 1949.

RODRIGUES, Sílvio. *Curso de direito civil.* São Paulo: Saraiva, 1977, v. 2, "Parte geral das obrigações".

RUGGIERO, Roberto de. *Instituições de direito civil.* São Paulo: Saraiva, 1971, "Direito das obrigações".

SALVAT, Raymundo M. *Tratado de derecho civil argentino.* Buenos Aires: Tipográfica Argentina, 1958, "Direito das obrigações".

SAVATIER, René. *Les métamorphoses du droit civil d'aujourd'hui.* Paris: Librairie Générale, 1952.

STARCK, Boris. *Droit civil – obligations.* Paris: Librairies Techniques, 1972.

TANDOGAN, Haluk. *Théorie générale des obligations.* Genève: Librairie de l'Université, 1972.

TAVARES, José. *Os princípios fundamentais do direito civil.* Coimbra: Coimbra Editora, 1929.

TOBEÑAS, José Castán. *Derecho civil español – derecho de obligaciones.* Madri: Reus, 1974.

TRABUCCHI, Alberto. *Istituzione di diritto civile.* Padova: Cedam, 1977.

VARELLA, João de Matos Antunes. *Das obrigações em geral.* Coimbra: Almedina, 1974.

WALD, Arnoldo. *Obrigações e contratos.* São Paulo: Revista dos Tribunais, 1979.

WEILL, Alex; TERRÉ, François. *Les obligations.* Paris: Dalloz, 1975.

Este livro foi impresso em 2004
nas oficinas da ParkGraf Editora Ltda.
Rua General Rondon, 1500 (Térreo) - Petrópolis - RJ - Tel.: (24) 2249-2500